W0307927

Reinhard Flatischler

TaKeTiNa – Ur-Kraft Rhythmus

Kirsten Becker im Gespräch mit dem Begründer der TaKeTiNa-Rhythmuspädagogik

Mit einer CD mit Hörbeispielen

Ausführliche Informationen zu jedem unserer lieferbaren und geplanten Bücher finden Sie im Internet unter www.junfermann.de. Dort können Sie auch unseren kostenlosen Mail-**Newsletter** abonnieren und sicherstellen, dass Sie alles Wissenswerte über das **JUNFERMANN**-Programm regelmäßig und aktuell erfahren.

Besuchen Sie auch unsere e-Publishing-Plattform www.active-books.de – sämtliche angebotenen Titel jetzt kostenlos.

Reinhard Flatischler

TaKeTiNa – Ur-Kraft Rhythmus

Kirsten Becker im Gespräch mit dem Begründer der TaKeTiNa-Rhythmuspädagogik

Mit einer CD mit Hörbeispielen

Junfermann Verlag • Paderborn
2009

Covergestaltung/Reihenentwurf: Christian Tschepp
Fotos im Innenteil: Stefan Silies, Irmgard Bankl, Günther Menzl
Foto S. 14: © rgbspace/Fotolia.com

Bitte beachten Sie:
TaKeTiNa ist ein intensiver Lernprozess, der aufgrund seiner Wirkung nur von ausgebildeten Rhythmuspädagogen als Gruppenarbeit angeboten werden darf. Der Begriff „TaKeTiNa" ist als international eingetragenes Markenzeichen geschützt und kann nur von ausgebildeten Rhythmuspädagogen verwendet werden.

Satz: JUNFERMANN Druck & Service, Paderborn

Bibliografische Information der Deutschen Bibliothek

Die Deutsche Bibliothek verzeichnet diese Publikation in der Deutschen Nationalbibliografie; detaillierte bibliografische Daten sind im Internet über http://dnb.ddb.de abrufbar.

ISBN 978-3-87387-722-1

Inhalt

Ich danke den Menschen in den Workshops und
allen Kolleginnen und Kollegen, die mit ihren inspirierenden Fragen,
Gesprächen und Erfahrungen zu diesem Buch beigetragen haben.

Kirsten Becker

Cornelia Flatischler beim Surdospielen

Vorwort

Als ich mich 2001 zum ersten Mal auf den Weg in einen TaKeTiNa-Workshop machte, war ich als Schlagzeugerin und Musikjournalistin einfach neugierig auf einen Rhythmusworkshop ... Trommeln? Perkussion? Bodypercussion? Rhythmus mit allen Sinnen? Ganz Rhythmus sein?

Und plötzlich öffnete sich ein Fenster: Ich war in der Lage, unterschiedlichen Rhythmen zuzuschauen, die mein Körper offensichtlich mühelos mit Schritten, Klatschen und Stimme gleichzeitig realisierte. Wie von selbst surfte ich zugleich auf mehreren Rhythmuswellen, während ich jede einzelne Rhythmusebene klar wahrnehmen und zwischen ihnen hin und her wandern konnte. Ein wunderschöner Wechselgesang lag über dem Ganzen, und nebenbei hatte mein Denken als Musikerin Freude daran, die polyrhythmische Struktur von 5:3 zu analysieren. Alles war eins und jede Zelle meines Körpers war auf noch nie erlebte Weise beruhigt und belebt zugleich – angekommen in einem tief empfundenen inneren Frieden.

Definitiv hatte der Workshop etwas berührt, das nicht zu vergleichen war mit anderen Erfahrungen, die ich musikalisch jemals gemacht hatte. Obwohl es nur eine Ahnung war, gab es keinen Zweifel daran, dass sich mir an diesem Tag ein lebendiger Weg voller Musik geöffnet hatte, der inzwischen zur tragenden Säule meines Lebens geworden ist, essenziell und existenziell zugleich. Wie die meisten Musiker hatte auch ich trotz eines Musikstudiums und jahrelanger Bühnenerfahrung bis dato kein Bewusstsein von der Kraft und den Dimensionen, die Rhythmus und Klang potenziell zur Verfügung stellen, nämlich eine Brücke zu den tiefsten Schichten des Seins zu bilden. Diese Erfahrung war mit TaKeTiNa sehr direkt.

Heute, nach acht Jahren TaKeTiNa, kann ich behaupten, dass dieser Weg nach wie vor ein Weg der Heilung für mich ist. Eine zunehmend unbeschwerte Freude am Sein hat mit den Jahren gelernt, sich auf das Vertrauen zu stützen, dass unter allem ein Boden ist, der trägt.

Ich hoffe, dass dieses Buch Musikern wie musikalischen Laien näher bringen kann, welch unglaubliche und in unseren Gesellschaften völlig ungenutzte Potenz Rhythmus tatsächlich beinhaltet. Ich hoffe, dass dieses Buch TaKeTiNa verständlich machen kann als musikalischen Weg, der jedem Menschen zur Verfügung steht. Ich hoffe, mit diesem Buch neugierig zu machen auf einen vitalen Weg in die Stille.

Kirsten Becker

1. Einführung: Musik als Fundament zur Bewusstseinserweiterung und Evolution

„Die Reise in uns selbst ist auch im Zeitalter der Raumfahrt das größte menschliche Abenteuer geblieben. Wir brauchen ein ‚Fahrzeug' dafür. Wir tragen es bei uns und ahnen nicht, wie weit es uns tragen kann." – *Joachim Ernst Behrendt*

„Ich bin unrhythmisch!" – „Ich kann nicht singen!" – „Ich bin unmusikalisch!" Geht man mit Menschen gedanklich einige Schritte hinter diese Aussagen, lässt sich immer und bei jedem eine Traurigkeit und eine unerfüllte Sehnsucht spüren. Bewusst oder unbewusst fühlen sie sich abgeschnitten von „irgendwas", können an „irgendwas" nicht teilhaben, erleben diesen Zustand als Bruch.

Dieser Bruch ist in unserer Gesellschaft schwer zu kompensieren. Es braucht Notenkenntnisse, eine besondere musikalische Ausbildung und jahrelanges Üben, um irgendwie musikalisch zu werden, so die gängige Meinung ... Und dann sind wir meistens „nicht gut genug"!

Da stellt sich die Frage: Gut genug für was? Was ist eigentlich musikalisch? Was haben wir davon? Ist Musizieren allein das, was wir heute dafür halten? Ursprünglich waren Rhythmus und Klang, jenseits von Aufführungspraxis und Versagensängsten, für jeden Menschen direkt und unmittelbar erfahrbar. Alle Kulturen hatten Musik seit jeher als Teil des täglichen Lebens genutzt, um Menschen in ihrer persönlichen und gemeinschaftlichen Entwicklung zu helfen.

Musizieren hat sich in unserer wie in den meisten Kulturen mehr und mehr zu einer Angelegenheit für Experten entwickelt. Damit sei nichts gegen musikalische Experten gesagt, jedoch lässt die Ausschließlichkeit und Rigidität dieser Musikkultur einen Großteil der Menschen als „Nicht-Musiker" hinter sich oder „beteiligt" sie als Zuhörer oder Konsumenten. Wer kein Instrument spielt oder singt, ist von einem aktiven Musikleben ausgeschlossen. Es gibt keine Anlässe und Rituale, sich selbstverständlich und ohne Bewertung als gestaltender Teil eines relevanten musikalischen Prozesses im Alltag zu erleben.

Unsere leistungs- und ergebnisorientierte Musikkultur pendelt zwischen musikalisch sein oder nicht, „Kann ich" und „Kann ich nicht", zwischen richtig und falsch spielen, üben müssen oder wollen, „gut sein" oder nicht. So sind selbst die aktiv Musizierenden ständig konfrontiert mit Begrenztheit, gehemmt im „Noch-nicht-gut-genug-Sein" und weit davon entfernt, sich von Musik tragen zu lassen. Ganz weit sind wir davon entfernt, Musik als Fundament für Bewusstseinserweiterung und Evolution zu nutzen. Indem dieses Potenzial in unserer Kultur nicht genutzt wird, liegt zugleich die stärkste Lernquelle brach, die uns überhaupt zur Verfügung steht, Zentrum und Ur-Kraft des Lebens schlechthin – Rhythmus!

Offensichtlich ist in Vergessenheit geraten, dass Rhythmus und Klang fernab von „Kann ich – Kann ich nicht", fernab von Aufführungspraxis und Versagensängsten für jeden Menschen direkt und unmittelbar erfahrbar sind und zum fundamentalen Erlebnis von Ganz-Sein führen können.

„Im Rhythmus sein" beschreibt den elementaren Zustand praller Lebendigkeit, das Pulsieren in allen Zellen. Von mehreren Rhythmen gleichzeitig getragen zu sein bedeutet weit mehr als musikalische Orientierung. Was sich dabei entwickelt, ist vielmehr ein bleibendes körperliches Wissen von der Kraft des stillen Pulses, die Fähigkeit des Nervensystems, körperliche Bewegungen mit jedem beliebigen Rhythmus zu synchronisieren und mit ihm zugleich in Spannung zu gehen – eine grundlegende Fähigkeit für jeden Musiker.

Als Spiegel dieses musikalischen Prozesses entwickelt sich auch die Fähigkeit, mehrere unterschiedliche Gefühle, Zustände oder Wahrnehmungen gleichzeitig erleben und zulassen zu können, ohne sich dabei mit der einen oder anderen Seite zu identifizieren.

Dieses Heraustreten aus dem Entweder-oder öffnet einen Raum, in dem Vitalität und Stille gleichzeitig lebendig sind, in dem tiefes Ankommen möglich ist. Viele beschreiben diesen Zustand als Eintreten in eine völlig neue ungewohnte Welt, als Einssein und als fundamentales Erlebnis tiefer Gemeinschaft.

„Je stärker die rhythmische Basis eines Menschen ist, umso stärkeren Turbulenzen kann er sich im rhythmischen wie auch im täglichen Leben aussetzen, ohne dabei panisch zu werden, ohne sich zu verlieren. Die Fähigkeit, Unterschiedliches, ja Konträres in sich und um sich zulassen zu können, scheint eine essenzielle Grundlage für menschliches, musikalisches und spirituelles Wachstum zu sein."

Auf Basis dieser Erkenntnis hat Reinhard Flatischler den TaKeTiNa-Prozess systematisch entwickelt – hochkomplex, verblüffend einfach und äußerst effektiv. Er ist die erste Form rhythmisch-musikalischen Lernens, die übergreifend für Menschen aller Kulturkreise wirksam ist und die Wirkung rhythmischer Phänomene gezielt für die Entwicklung der musikalischen und menschlichen Intelligenz einsetzt.

„TaKeTiNa könnte eine zentrale Friedensarbeit auf diesem Planeten leisten", sagt Reinhard Flatischler im Interview.

TaKeTiNa nutzt auf dem Wege zu erweitertem Bewusstsein Verschiedenheiten als Potenzial gemeinsamen Wachstums – dringend benötigte Ressourcen in einer Zeit, in der die globale Kommunikation über „Sein oder Nicht-Sein" menschlichen Lebens auf diesem Planeten entscheiden wird. Als transformatorischer und undogmatischer Weg jenseits von Sprachen und festgefahrenen Konflikten könnte TaKeTiNa helfen, aus den bekannten Sackgassen auszusteigen, indem es Zugang schafft für kreative Lösungen aus einer tieferen Quelle.

Kirsten Becker

2. Ur-Kraft Rhythmus[1]

Ur-Kraft Rhythmus – das lässt aufhorchen und will erfahren sein. Sonst bleibt es nur ein Wort. Wo und wie bist du zum ersten Mal dieser Ur-Kraft begegnet?

Jeder Mensch begegnet dieser Kraft schon im Mutterleib. Wenn man die Klänge von Tonbeispiel 1 (s. beiliegende CD) hört, kann man ahnen, wie intensiv der heranwachsende Embryo den Herzschlag seiner Mutter erlebt. Wenn man dieses mächtige Pulsieren hört, weiß man: In dieser klingenden und pulsierenden Umgebung wird Rhythmus zum ständigen Begleiter, ja zur Brücke auf unserem Weg in diese Welt.

Meine erste bewusste Begegnung mit Rhythmus hatte ich als sechsjähriges Kind in einem Konzert von Ravi Shankar• und Alla Rakha•. Die Rhythmen, die Alla Rakha auf seiner Tabla•-Trommel spielte, begannen zu mir zu sprechen. Ich erlebte zum ersten Mal bewusst Zeitlosigkeit, und obwohl ich die Musik, die diese Musiker spielten, noch niemals zuvor gehört hatte, war sie mir so vertraut, als wäre ich damit aufgewachsen. An diesem Abend hörte und spürte ich einen Ruf.

Es war ein Ruf, der mich zunächst nach Afghanistan führte. Damals war dieses Land noch voller Gastfreundschaft und Frieden. Ein Sufi•-Ritual, das ich dort miterleben konnte, hat mein Verhältnis zum Rhythmus komplett verändert. 40 Männer in dunklen Gewändern standen in enger Formation und synchronisierten ihren Atem allmählich mit dem Klang ihrer Stimmen. Dann begannen sie sich in völlig undurchschaubaren rhythmischen Abfolgen zu bewegen. Es war zu ahnen, dass diese Bewegungen einer Ordnung folgten, denn wenn einer der Männer sich von seinem Platz bewegte, nahm augenblicklich ein anderer diesen Platz ein. Eine falsche Bewegung und alles wäre augenblicklich zum Stillstand gekommen. Was ich sah, brachte mein damaliges Verständnis von Rhythmus, Bewegung und Musik gänzlich durcheinander. Wer war der geheime Dirigent dieser Bewegungen und woher kam diese traumwandlerische Bewegungsintelligenz?

Bald verschmolzen ihre Bewegungen und die Gruppe von Männern wurde zu einem Rhythmusgenerator, in dem Klang, Rhythmus und Bewegung zu einer Einheit wurden. In ihren sich stets ändernden eigenartigen Körperpositionen sahen die Arme der Tanzenden aus wie Antennen, die Botschaften aus einer anderen Realität empfingen. So kann sich eine Gruppe von Menschen nur bewegen, wenn sie die alltägliche Wahr-

1 Im Anhang des Buches finden Sie ein Glossar und ein Personenverzeichnis. Mit diesem Zeichen• gekennzeichnete Begriffe und Personen können Sie dort nachschlagen.

nehmungsebene hinter sich gelassen hat und Informationen aus anderen Ebenen bezieht. Urplötzlich tauchte damals in mir das Gefühl auf: „Das, was ich soeben sehe und erlebe, kenne ich." Weshalb mir diese Rhythmen so vertraut erschienen, war mir jedoch gänzlich unklar. Heute weiß ich, dass die Vertrautheit aus einer damals sich plötzlich öffnenden Verbindung zur Ur-Kraft Rhythmus kam.

Dieses Erlebnis öffnete in mir Wahrnehmungskanäle, von deren Existenz ich bis dahin nichts gewusst hatte. Sie waren „Toröffner" für die Entstehung des TaKeTiNa-Prozesses, um den es in diesem Buch geht. Das, was ich immer schon geahnt hatte, verifizierte sich: Rhythmus hat das Potenzial, die Wahrnehmung des Menschen zu erweitern. Rhythmus ist eine Kraft, die zum Erleben der Zeitlosigkeit einlädt. Mit Rhythmusübungen lassen sich die vielen unterschiedlichen Intelligenzen des Menschen entwickeln und vernetzen.

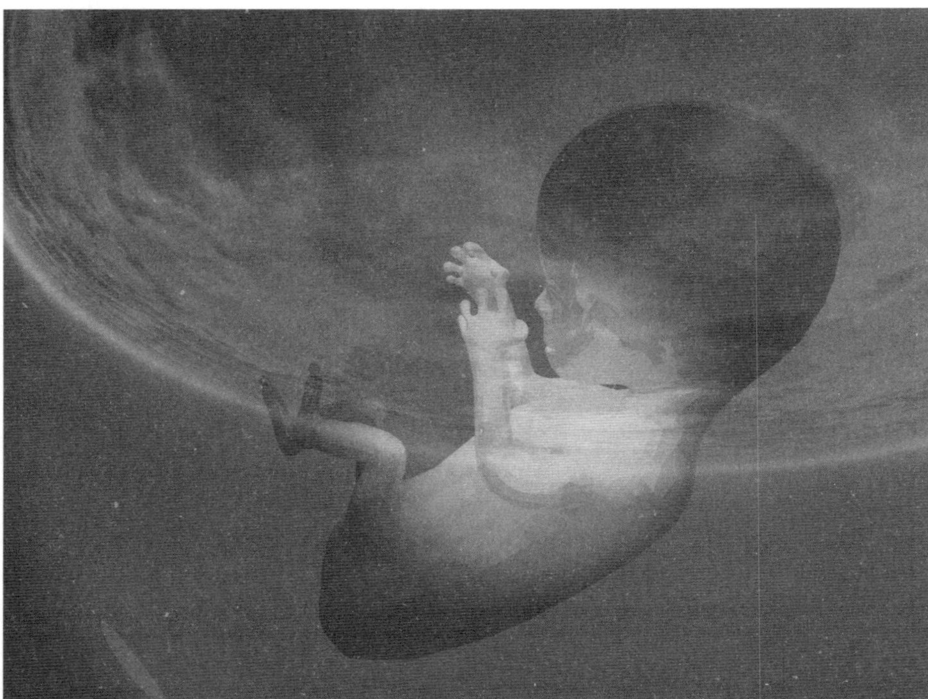

Sicher gab es noch weitere Erlebnisse, die dein Rhythmusverständnis geprägt haben.

Mein ganzes Leben war eine Kette solcher Erlebnisse. Sie alle zu erzählen, würde den Rahmen dieses Buches sprengen. Besonders erstaunliche Konsequenzen hatte ein Erlebnis mit Asthma, einer Krankheit, die mich während meiner ganzen Jugend plagte.

Eine Seminartour führte mich Anfang der 1980er-Jahre auch nach Esalen, einem Institut an der Pazifikküste, in dem unter anderem Fritz Perls, der Begründer der Gestalttherapie seinen Weg entwickelt und vermittelt hat. Die nach Schwefel riechende Luft reizte meine Lungen und bald hörte ich beim Atmen jenes singende Lungengeräusch, das jeder Asthmatiker kennt. Als mir bewusst wurde, dass ich meinen Asthma-lösenden Spray irgendwo vergessen oder verloren hatte, stieg Panik in mir auf. Ich wusste, dass es viele Stunden dauern würde, um von der Wildnis in Big Sur zu einem Spital zu gelangen. Ich versuchte mich zu beruhigen, indem ich mich auf ein Holzdeck setzte, von dem aus mein Blick weit über den Pazifik schweifen konnte. Wie so oft zuvor wanderten die Finger meiner rechten Hand an die Pulsstelle an meinem linken Handgelenk. Wie so oft zuvor begann ich, mit dem Puls zu kommunizieren, indem ich alle Pulse, die ich spürte, mit einem Stimmlaut mitsprach und dabei versuchte, den Puls mit meiner Stimme zu beruhigen.

Die Sonne war bereits in die Wolken eingetaucht und die kühle feuchte Luft machte das Atmen für mich immer schwerer. Plötzlich durchfuhr mich ein Satz – gleich einem Blitz, der für Momente die Dunkelheit zerreißt und eine visuelle Momentaufnahme zurücklässt: „Wenn deine Lungen wissen, was sie tun müssen um sich zu verkrampfen, dann ist in ihnen auch das Wissen gespeichert, wie sie diesen Krampf wieder loslassen können.“ Es war, als hätten die Pulse, die ich an meinem Handgelenk fühlte, diese Worte direkt zu mir gesprochen. Ein tiefes Seufzen durchfuhr mich und ich spürte, wie sich mein Puls dabei verlangsamte. Es wurde mir bewusst, wie alles, was ich gerade erlebte, Rhythmus war. Ich hörte die Starre in meinem keuchenden Atemrhythmus und wie wenn ich damit ein neues Musikstück begonnen hätte, begann sich diese Starre langsam zu verändern.

Durch das sich allmählich auflösende Keuchen meines Atems drang der Rhythmus des Wellenrauschens in meine Wahrnehmung – ein weiterer Rhythmus gesellte sich dazu. Ein Kampf um Leben und Tod ging über in Meditation. Seit diesem Erlebnis hatte ich nie wieder einen Asthmaanfall. Ja, ich konnte mir einen Wunsch erfüllen, der für Asthmatiker an sich tabu ist: Ich lernte zu tauchen.

Hatte ich einerseits Rhythmus auf eine völlig neue Art und Weise kennengelernt, hatte mich andererseits der Weg mit TaKeTiNa auf diese Erfahrung vorbereitet. Meine unterschiedlichen Bewusstseinsschichten hatten gelernt, miteinander zu kommunizieren, und ich konnte Zeuge sein, wie die heilsame Wirkung des „Ganz-Werdens“, die der TaKeTiNa-Prozess vermitteln kann, unzähligen an psychosomatischen Krankheiten oder chronischen Schmerzen leidenden Menschen helfen konnte.

3. Neue Wege des Lernens

3.1 Was ist TaKeTiNa?

„Der Fokus der TaKeTiNa-Rhythmuspädagogik richtet sich darauf, das aufzulösen, was uns hindert, voll und ganz im Rhythmus zu sein. Die gängige Auffassung von Lernen geht davon aus: Wir müssen etwas dazulernen, das wir noch nicht wissen. Wir brauchen etwas, das wir noch nicht haben. Auf einer Ebene trifft das zu, aber eben nur auf einer. Die anderen Ebenen jedoch werden in der heutigen Pädagogik meistens übersehen. Um Meisterschaft in einem Gebiet zu erlangen, gilt es, all das aufzulösen, was uns behindert."

Wie ist aus diesen persönlichen Rhythmus-Erfahrungen die TaKeTiNa-Rhythmuspädagogik entstanden?

In der Entwicklung von TaKeTiNa fließen zwei Bereiche zusammen, die mir viel bedeuten: Einerseits ist es die Musik, die ich schon als Kind geliebt und aktiv betrieben habe. Andererseits hat mich aufgrund meiner psychosomatischen Leiden der heilende Aspekt von Musik am meisten interessiert. Ich war und bin fasziniert von den Wechselbeziehungen zwischen Musik, Medizin und innerer Entwicklung.

Die Medikamente, die es in meiner Jugend gab, halfen mir bei der Heilung meiner psychosomatischen Leiden nur wenig. Daher begann ich, in der Musik und im Rhythmus selbst nach Wegen der Heilung zu suchen, und auf dieser Suche gab es für mich keinen anderen Weg als den der Praxis. Mehrere Male in der Woche experimentierte ich mit Rhythmusgruppen unterschiedlichster Zusammensetzung – mal mit Trommeln, mal mit der Stimme, dann wieder mit Gongs oder Mallet-Instrumenten•. Es tat sich wenig, bis wir uns schließlich auf die Reduktion einließen – auf die Arbeit mit dem Körper selbst. Das öffnete uns Tore: Mit Schritten, Klatschen und mit der Stimme entdeckten wir, dass sich auf drei unterschiedlichen Ausdrucksebenen auch drei unterschiedliche Rhythmen entwickeln konnten. Und mit einem Mal waren alle Voraussetzungen geschaffen, nach denen ich gesucht hatte.

Eine rhythmische Ebene alleine ist einfach und auch für einen Nicht-Musiker realisierbar. Doch mit der Überlagerung mehrerer Ebenen, auf denen sich unterschiedliche Rhythmen abspielen, entsteht Komplexität. Diese Entdeckung führte direkt zum nächsten Thema – zum Lernen mit Chaosphasen, dem Verstehen, dass es Teil des Lernprozesses ist, wenn jemand aus dem Rhythmus fällt. Beim üblichen musikalischen Lernen soll das „Aus-dem-Rhythmus-Kommen" möglichst vermieden werden. Doch wenn sich drei unterschiedliche gleichzeitig ablaufende Rhythmusebenen aufbauen, lässt sich das Aus-dem-Rhythmus-Fallen gar nicht vermeiden. Heute wissen wir aus der Rhythmusforschung•, dass der gezielte Wechsel von Synchronisation• und De-Synchronisation• – also ein Abwechseln von „In-den-Rhythmus-Kommen“ und wieder „Aus-dem-Rhythmus-Fallen“ – intensiv auf die Integration des vegetativen Nervensystems wirkt. Aus den einzelnen Erfahrungen entwickelten sich wiederholbare Arbeitsweisen und aus denen entstand schließlich die Architektur eines zusammenhängenden Prozesses, bei dem alles ineinander greift.

Zugleich ist das Fluktuieren• zwischen Synchronisation• und De-Synchronisation• ein Prinzip, durch das Musiker sich jene Fähigkeiten aneignen können, die am schwersten zu lernen sind: ein Musizieren, das pulsiert und strömt. Man könnte auch sagen: Musik mit Groove• und Fluss.

So ist TaKeTiNa aus seiner Entstehungsgeschichte heraus mehreres: Musikpädagogik, Therapiebegleitung und innerer Weg.

Gab es beim Entwickeln von TaKeTiNa eine zentrale Frage?

Die grundlegende Frage war: Wie kann jemand, der kein Musiker ist, eine existenziell bewegende Erfahrung mit Rhythmus machen? – Diese Möglichkeit fehlte in unseren Breitengraden jahrhundertelang, vor allem für Menschen, die kein Instrument lernen konnten oder wollten.

Die zweite Frage ergab sich aus der ersten: Mit welchen Rhythmusstrukturen kann ein Prozess arbeiten, wenn er alle Menschen ansprechen will? Die Fragen dahinter wiederum waren: Gibt es Bereiche im Rhythmus, zu denen jeder Zutritt hat? Gibt es eine rhythmische Grundlage, auf die sich die Musik jedes Kulturkreises bezieht?

Es galt also, eine Menge herauszufinden. Das war einerseits ein Ansporn, andererseits fühlte ich mich manchmal in einem Nebel, der so dicht war, dass ich nicht einmal meine eigenen Füße mehr sehen konnte. Sehr oft wusste ich nicht, wo ich mit der Suche beginnen sollte. Damals konnte ich noch nicht mit Sicherheit sagen, ob tatsächlich jeder Mensch einen angeborenen Sinn für Rhythmus hat. Mein Wunschdenken sagte: „Ja!“ Die meisten Menschen aber, mit denen ich arbeitete, sagten: „Nein! Wir mögen Musik, aber wir sind völlig unrhythmisch.“

Was mich von Anfang an erstaunte, war, wie schnell Menschen, die noch nie zuvor musiziert hatten, in dem sich entfaltenden TaKeTiNa-Prozess Zugang zu Rhythmus bekamen. Was am Anfang ein Hoffnungsfunken war, hat sich mittlerweile bestätigt: Nach 40 Jahren intensiver Arbeit mit mehr als 10 000 Menschen weiß ich heute, dass jeder Mensch ein angeborenes rhythmisches Urwissen hat – eines, das sich auch noch im hohen Alter aktivieren lässt. Im Rhythmus „sein“ ist für jeden Menschen ein Gefühl von Heimat.

Wir sprechen hier über die Arbeitsweisen der TaKeTiNa-Rhythmuspädagogik und über die Möglichkeit, Rhythmus als Weg der Weiterentwicklung zu nutzen. Wie das klingt, gibt die beiliegende CD wieder. Wie aber kann man sich vorstellen, was konkret in einem solchen Prozess geschieht?

Zu Beginn spielt der Leiter auf einer Trommel und singt dazu. Die Rhythmen hat er komponiert, die Stimmmelodie improvisiert er aus dem Moment. Damit ist Form und Freiheit, Geplantes und Spontanes von Anfang an im Raum, und die am Ende immer leiser werdende Musik aktiviert bei den anwesenden Menschen die Bereitschaft zu hören. Wenn Musik uns einlädt, in die Stille zu lauschen, so folgen wir ihr besonders gern. Im Lauschen suchen wir: „Kommen der Klang und das Pulsieren• noch von außen? Oder spüre ich es nur noch in mir?" Es bleibt bewegte Stille und Präsenz, die gleichermaßen nach innen wie nach außen gerichtet sind.

Jetzt folgen erste praktische Erfahrungen mit der Stimme und die Teilnehmer bekommen Informationen, wie sie Rhythmus als Spiegel im folgenden Prozess nutzen können. Sie hören, dass Rausfallen ein Teil des Lernens sein kann und dass sie stets in ihrem eigenen Zeitmaß bleiben können. Sie erfahren, dass sie von der komplexen Gesamtheit des Rhythmus jederzeit nur eine oder zwei Ebenen realisieren können und dass sie dort am schnellsten lernen, wo sie sich weder über- noch unterfordern. Viele staunen an dieser Stelle, einige zweifeln, bei anderen wiederum steigt der Adrenalinspiegel: Wie soll das alles gehen – mehrere Rhythmen zugleich? Die Fragen stimulieren die Neugierde der Teilnehmer und diese ist „Treibstoff" für das Lernen mit TaKeTiNa.

Nun stehen die Teilnehmer im Kreis. Aus der Stille erklingen Rhythmussilben, allmählich formt sich ein Sprachrhythmus, in dem sich immer mehr Stimmen zusammenschließen. Der tragende Klang der Basstrommel liegt unter allem und bildet ein solides rhythmisches Fundament. Schritte bauen sich auf, dann erste Klatschrhythmen. Es entstehen immer mehr miteinander verbundene Rhythmusebenen, die jedoch alle unterschiedlich sind. Bald fallen die ersten aus dem Rhythmus und während sich der Rhythmus weiterentwickelt, spricht der Leiter in freiem Fluss zu den Teilnehmern. Das macht die ohnehin komplexen Zusammenhänge zwischen den Rhythmusebenen noch undurchschaubarer. Nur das spontan sich öffnende Körperwissen vermag all diese Informationen zu integrieren. Für den kontrollierenden Geist ist der Rhythmus längst zum undurchdringbaren Dschungel geworden.

Einige spüren, dass das Klatschen zu viel ist, und lassen es sein. Andere legen sich hin oder finden andere Wege, sich ganz vom Rhythmus abzukoppeln. Bald werden sie erleben, dass Abkoppeln eine sehr intensive Art des Mitmachens sein kann. Wie anfangs eingeladen, legen sich einige in den Kreis. Ein paar machen das genüsslich, andere wiederum wirken resigniert oder erschöpft. Bald werden sie alle entdecken, wie entscheidend der Moment ist, an dem das Abkoppeln vom Rhythmus stattfindet. Löse ich mich aus einer Hingabe an das Geschehen aus dem Rhythmus oder muss ich aufhören, weil ich durch das Aufrechterhalten meines Kontrollmechanismus erschöpft und müde bin? Viele werden in dieser Selbstbeobachtung Parallelen zu ihrem täglichen Leben entdecken: Wenn jemand in TaKeTiNa weitermacht, bis er förmlich „umfällt“, dann ist die Chance groß, dass er das auch im Leben tut. Dieses Setting rhythmischen Lernens bietet jedoch die Gelegenheit, Konditionierungen aufzulösen und neue Geschichte zu schreiben.

Schließlich kommen auch Klang und Melodie mit ins Spiel. Der Leiter spielt auf einem brasilianischen Musikbogen, Berimbau genannt, und leitet so das Call-Response-Singen zwischen Gruppe und Leiter. Diese Form des Singens entwickelt eine eigene musikalische Intelligenz. Da gibt es konfrontierende Calls, durch die alle Teilnehmer auf einmal aus dem Rhythmus fallen. Dann wieder kommen unterstützende Calls, die wieder zum Grundpuls• zurückführen. Musik wird zum Dialog und führt die Gruppe in einen erweiterten Wahrnehmungszustand. Jetzt beginnt Selbstorganisation• zu wirken und die Rhythmen klingen, als würden sie von einem professionellen Chor gesungen. Darunter pulsiert komplexe Polyrhythmik. Jedes Mal aufs Neue erscheint dies wie ein Wunder, denn die Mehrzahl der Teilnehmer hat noch nie zuvor ein Instrument gespielt, viele haben seit ihrer Kindheit nicht mehr gesungen.

Irgendwann beginnt das Energieniveau der Gruppe wie von selbst zu sinken. Keiner gibt ein Zeichen und doch beginnt wie von selbst ein ganz allmähliches Leiserwerden, der Klang der Rhythmen führt die Teilnehmer wieder in die Stille. In diesem Moment ist die Chance groß, dass innere und äußere Bewegungen anfangen, sich miteinander zu verbinden. An dieser Stelle erleben viele, wie es sich anfühlt, ganz vom Rhythmus getragen zu sein. Manche haben die Augen geschlossen, einige bleiben stehen, andere setzen sich oder legen sich hin.

Dann ist es still, bis irgendwann ein zarter Gongklang die Menschen wieder zurückholt. Nun tut sich die Möglichkeit auf, dass jeder, der das möchte, von seinen Erfahrungen erzählen kann. Nonverbales Erleben verbindet sich hier mit verbalem Reflektieren – der Prozess setzt sich auf einer anderen Ebene fort und vertieft sich. Manchmal aber ist es auch einfach still, und für mich ist es immer wieder eines der schönsten

Erlebnisse, zu spüren, wie intensiv das ist, wenn an die Hundert Menschen, die sich zuvor nie begegnet sind, in Stille zusammensitzen. Alles Ausagieren hat sich gelöst und die Menschen werden von dem Erleben der Zeitlosigkeit genährt, das sie miteinander teilen.

In den Tonbeispielen 2, 3 und 4 auf der beiliegenden CD können Sie drei TaKeTiNa-Rhythmussequenzen hören. Die Aufnahmen wurden mit dem „TaKeTiNa-Rhythmus-Explorer" hergestellt, der als Übungsprogramm dem Buch „Reinhard Flatischler – Rhythm for Evolution" (Schott Verlag) beiliegt. Natürlich unterscheidet sich ein Übungsprogramm grundlegend von dem akustischen Geschehen eines TaKeTiNa-Prozesses mit einer Gruppe. Dennoch sollen diese Tonbeispiele dem Leser exemplarisch vermitteln, wie sich Rhythmen aufbauen und wie ein TaKeTiNa-Call-Response-Gesang klingen kann.

In den ersten beiden Rhythmussequenzen kann der Leser den Aufbau der Rhythmen nachvollziehen, in der dritten beginnt die Sequenz gleich im Call-Response-Teil, der im Aufbau eine Komplexität besitzt, die allein über einen Tonträger nicht vermittelt werden kann.

Seit 15 Jahren unterrichtest und konzertierst du mit deiner Frau Cornelia. Was hat sie in den TaKeTiNa-Prozess eingebracht?

Cornelia hat TaKeTiNa neue Impulse hinzugefügt, indem sie der Basstrommel, die den Prozess begleitet, eine zentrale Rolle gegeben hat. Sie war die Erste, die diese Trommel als Werkzeug der Energieübertragung verstanden hat; sie war die Erste, die dies auch umsetzen konnte. Ab diesem Moment war der Grundrhythmus aller Gruppen stabiler, sodass im Call-Response-Teil spannungsreichere Rhythmen aufgebaut werden konnten. Das Resultat war, dass die Teilnehmer auf dem rhythmisch tragfähigeren Boden in wesentlich komplexere Rhythmusbereiche vordringen konnten.

Cornelia bringt heilerische Fähigkeiten und gelebtes Wissen aus Tai-Chi, Tao Yoga und Meditation in die Arbeit mit. Damit hat sie dem TaKeTiNa-Prozess eine Richtung gegeben, die in ihm immer schon angelegt war, die zuvor jedoch noch nicht in diesem Ausmaß realisiert werden konnte.

Vor allem aber ist es überaus erfüllend, mit seiner Frau gemeinsam Prozesse leiten zu können und gemeinsam auf der Bühne zu musizieren. Musik ist für mich die schönste Form, Liebe auszutauschen. Aber auch auf die Teilnehmer wirkt das Zusammenspiel von weiblicher und männlicher Energie inspirierend. Sowohl Männer wie auch Frauen lassen sich damit wesentlich tiefer auf ihren inneren Prozess ein.

Einmal heißt es „TaKeTiNa-Prozess", dann wieder „TaKeTiNa-Methode" oder „TaKeTiNa-Rhythmuspädagogik". Was steht hinter den verschiedenen Begriffen?

Prozess bedeutet, dass Rhythmus im Menschen innerlich und äußerlich etwas bewirkt und bewegt. Ein Prozess ermöglicht Entwicklung – musikalisch und menschlich – und das braucht die Begleitung eines ausgebildeten Leiters, der imstande ist, mit Rhythmus für Menschen einen Raum zu öffnen, in dem Entwicklung und Erfahrung, manchmal auch Heilung passieren können. Prozesse kann man gut in der Natur beobachten: Das Wettergeschehen beispielsweise ist ein Prozess und darin gibt es Vorhersehbares und Unvorhersehbares. Auch im TaKeTiNa-Prozess wirken Unvorhersehbares und Vorhersehbares zusammen. Vorhersehbar ist, dass Menschen, die durch diesen Prozess gehen, ihr rhythmisches Urwissen entdecken und entwickeln. Ebenso vorhersehbar ist, dass Menschen im TaKeTiNa-Prozess eine Chance bekommen, behindernde Verhaltensformen zu transformieren. Unvorhersehbar hingegen ist, auf welche Art und Weise und in welchem Zeitrahmen dies passiert. Insofern läuft jeder TaKeTiNa-Prozess anders ab, und das macht diese Art des Lernens so spannend.

Das TaKeTiNa-Rhythmus-Training hingegen ist eine Form rhythmischen Selbststudiums, das jeder, der das möchte, mithilfe der TaKeTiNa-Bücher[2] und der darin befindlichen Tonträger machen kann. Wenn sich jemand auf die Anleitungen in den Büchern einlässt, kann dieses Lernen ebenso intensiv sein wie ein angeleiteter TaKeTiNa-Prozess.

Die TaKeTiNa-Methode ist die elementarste Form, mit TaKeTiNa zu lernen. Sie eignet sich vor allem für Musiklehrer an öffentlichen Schulen, für Schlagzeuglehrer, Chorleiter oder generell für Lernumgebungen, in denen es vor allem um rhythmische Strukturen und deren Umsetzung geht. Menschen, die die Bücher gelesen oder einen Kurs besucht haben, erkennen die Effektivität einzelner Elemente und setzen diese dann in ihrem Kontext ein.

Alle drei genannten Formen sind unter dem Begriff „TaKeTiNa-Rhythmuspädagogik" oder kurz „TaKeTiNa" zusammengefasst.

Was kann man mit TaKeTiNa lernen?

Ich werde versuchen, im Laufe dieses Buches die unterschiedlichen Lernmöglichkeiten differenziert darzustellen. Beginnen möchte ich jedoch mit einer Erfahrung, die jeder macht, der durch diesen Prozess geht – mit einer Erfahrung also, die mir Grundlage für die meisten anderen Lernresultate zu sein scheint. Es ist das Entdecken, wie ICH und ES, Wille und Hingabe, Machen und Geschehenlassen zusammenkommen und miteinander kooperieren können. Wenn jemand sich zum ersten Mal in der Gleichzeitigkeit dreier unterschiedlicher Rhythmen getragen fühlt und spürt, bei sich angekommen zu sein, dann weiß er: Das ist nicht einstudiert, das ist Wissen, das aus einer tieferen Quelle kommt. Es ist das Resultat einer erweiterten Wahrnehmung, die sich sonst nicht so leicht öffnet.

Musikalisch gesehen vermittelt TaKeTiNa das Einmaleins des Rhythmus. Man begegnet in diesem Lernen rhythmischen Urbildern, die in einem leben. Man merkt: Das hat unmittelbar mit mir zu tun. Es ist eine Art des Lernens, mit der auch Nicht-Musiker Zutritt zu elementaren und komplexen Rhythmen bekommen.

---

2 „Rhythm for Evolution" (Schott) und „Rhythmus als Weg" (Synthesis).

Welche Arbeitsweisen und Prinzipien machen den TaKeTiNa-Prozess aus?

An dieser Stelle erscheint es mir wichtig daran zu erinnern, dass Arbeitsweisen und Prinzipien des TaKeTiNa-Prozesses im Hintergrund wirken. Die Wirkung entsteht durch die Interaktion zwischen Menschen. Erfahrungen können gemacht werden, weil jemand imstande ist, mit Rhythmus einen Raum herzustellen, in dem Erfahrung passieren kann. Jeder kann und wird in diesem Raum Unterschiedliches erleben. Das TaKeTiNa-Prinzip hinter allen anderen Arbeitsweisen ist: Nicht der Leiter lehrt, heilt oder ermöglicht Entwicklung, es ist die Kraft im Feld, die die Erfahrung vermittelt, die Heilkräfte freisetzt oder die es ermöglicht, dass jemand in den Fluss von Rhythmus fällt. Je mehr ein Leiter dabei im Hintergrund agieren kann und je besser er Raum für Geschehen-Lassen öffnet, umso effektiver wird ein Prozess sein. Um einen solchen Raum herzustellen, arbeiten alle Leiter eines TaKeTiNa-Prozesses mit den gleichen Werkzeugen oder – anders gesagt – mit den gleichen Arbeitsweisen, die ich im Folgenden transparent zu machen versuche.

Der TaKeTiNa-Prozess kombiniert Arbeitsweisen, die in dieser Verbindung sonst nicht zu finden sind. So geht es zunächst nicht darum, möglichst schnell irgendeinen Rhythmuspattern zu erlernen, sondern darum, durch einen sich wiederholenden Synchronisations•- und De-Synchronisations•-Prozess zu einer profunden und prägenden Begegnung mit Rhythmus zu finden. Das inkludiert – wie eingangs schon erwähnt – auch Chaosphasen. Unser ganzes Universum hat sich im Wechsel von Ordnungs- und Chaosphasen entwickelt. Wie könnte sich Lernen diesem Prinzip entziehen? Gelingt es, Chaos als evolutionäre und transformatorische Kraft zu nutzen, so kann die chaotische Kraft zum Freund werden. Andernfalls wird Chaos zur Bedrohung und entfaltet destruktive Kräfte. Wieso also nicht Freundschaft schließen mit etwas, das uns ständig umgibt?

Auch die durchgehende Gleichzeitigkeit mehrerer Rhythmusebenen gibt es bisher nur im TaKeTiNa-Prozess. Nimm mehrere elementare Rhythmen, schichte sie und füge sie zusammen – schon entsteht Komplexität. Nimm die einzelnen Rhythmusebenen wieder auseinander und es wird rhythmisch wieder elementar. Diese Arbeitsweise ermöglicht jedem Teilnehmer ein eigenständiges Hin- und Hergehen zwischen Komplexität und Elementarem innerhalb eines sich entfaltenden Gruppenprozesses. Der Lernende kann so auf eine Art und Weise lernen, die ihn weder über- noch unterfordert. Zudem ermöglicht das Arbeiten mit der Gleichzeitigkeit mehrerer Rhythmusebenen ein Fluktuieren• zwischen Stabilisierung und Destabilisierung, was wiederum zu einer rhythmischen Selbstorganisation• der gesamten Gruppe führt. Das Hin- und Hergehen zwischen Stabilisierung und Destabilisierung bewirkt, dass Teilnehmer aus dem Rhythmus fallen und wieder zum Rhythmus zurückkommen. Dabei können sie sich immer weiter vom willentlichen Machen lösen, und durch das kollektive Loslassen entsteht Selbstorganisation. Im Rhythmus bedeutet das, dass eine Gruppe zu jener lebendigen Präzision kommt, die durch lineares Lernen nie zu erzielen wäre – schon gar nicht mit Laien.

Anders ist in TaKeTiNa auch die Begrifflichkeit. Denn um über Phänomene sprechen zu können, die kulturübergreifend alle Musikarten betreffen, braucht es eine neue Terminologie. Weder indische noch westafrikanische Musiker kennen Takt• oder Metrum•, und aus dieser Tatsache erwächst die Frage: Empfinden alle Menschen Rhythmus anders? Oder existiert doch eine gemeinsame Basis, auf die sich alle in der einen oder anderen Form beziehen? Diese Frage wiederum führte zur Entdeckung, dass Musik aller Kulturkreise auf den gleichen rhythmischen Ur-Bewegungen aufbaut, die sich auch in den Schwingungsgesetzen wiederfinden. Wenn es gelingt, diese körperlich und mental zu erfassen, öffnet sich damit auch das Verständnis für die vielen unterschiedlichen musikalischen Stimmen unseres Planeten. Dann erkennen und spüren wir hinter Takt, Synkope• und Metrum die rhythmischen Ur-Bewegungen Zyklus, Offbeat•, Unterteilungspuls• und Grundpuls•. Die Letzteren gibt es in der Rhythmik aller Kulturkreise; Takt, Synkope und Metrum hingegen sind Konventionen aus der westlichen Musiktradition.

Nun könnte man sich fragen, warum all das bisher noch nicht entdeckt und umgesetzt wurde. Die Antwort darauf ist, dass Zutritt zu dem Wissen ferner Musikkulturen bis zum Anfang des letzten Jahrhunderts noch ungemein schwierig war. Erst heute gibt es Tondokumente aus allen Gegenden unseres Planeten. Erst heute kann man regelmäßig mit Musikern aller Kontinente zusammentreffen und erst heute lässt sich die Existenz eines gemeinsamen rhythmischen Urgrundes überhaupt verifizieren.

Die musikalische Ausdrucksvielfalt aller Völker steht auf einem gemeinsamen Boden. Was für eine wichtige Botschaft für die heutige Welt! In aller Unterschiedlichkeit sind wir durch einen gemeinsamen Urgrund miteinander verbunden – und das nicht nur musikalisch.

Das Lernen mit TaKeTiNa ist getragen von einer humorvollen und unterstützenden Atmosphäre. Auffallend dabei ist, dass es weder Lob noch Kritik von außen gibt.

Lob und Kritik sind an sich nichts Verkehrtes. In bestimmten Situationen jedoch können sie kontraproduktiv wirken. Im TaKeTiNa-Prozess hat das Fehlen von Lob und Kritik einen entscheidenden Vorteil: Der Lernende bekommt Raum zu merken, wann er sich selbst kritisiert. Das ist meistens viel zu oft und entspringt einem destruktiven Verhältnis sich selbst gegenüber. Sobald jemand merkt, dass die Selbstkritik eigentlich ein angelernter Reflex ist, kommt ein Prozess in Gang, in dem diese inneren Stimmen erkannt werden und allmählich versiegen. Das schafft eine entspannte, geborgene und freudvolle Lernatmosphäre. Wie essenziell diese ist, zeigt uns unter anderem der Gehirnforscher Manfred Spitzer. In seinen Worten: *„Normalerweise laufen die Informationen im Gehirn über den Hippocampus• in den Cortex•. Unter Angst und Stress allerdings werden sie vom Mandelkern aufgenommen. Und der ist dafür da, dass wir Angst und furchtbesetzte Assoziationen ohne viel Nachdenken schnell dort wieder herausholen können, um unseren Körper auf die Flucht vorzubereiten!"* (Manfred Spitzer: „Lernen" [Archiv der Zukunft]).

Das Herstellen einer harmonischen und zugleich spannenden Lernumgebung ist also keineswegs ein Luxus, den man sich leisten sollte; vielmehr geht es dabei um Effektivität und Aufnahmefähigkeit. Es geht um einen neuen Lernmodus – oder, wie Manfred Spitzer das ausdrückt: vom Mandelkern-Lernen zum Hippocampus-Lernen.

Teilnehmer berichten aber auch, dass Selbstlob ebenso im Weg ist und sie aus dem Rhythmus bringt. Anstatt den Zustand, „im Rhythmus zu sein" zu genießen, kommentieren innere Stimmen diesen Zustand: „Gut machst du das!", „Jetzt kannst du es endlich!" – und schon ist das Getragensein beendet. Wenn reflexartig auftretende Stimmen sich auflösen, entstehen Raum und innere Stille. Damit wird der Lernprozess um ein Vielfaches leichter und effektiver sowie das Leben um vieles freudvoller.

Natürlich gibt es auch im TaKeTiNa-Prozess Anerkennung für gemachte Schritte oder eine Konfrontation, wenn jemand so tut, als hätte er etwas erreicht, und es nicht der Wirklichkeit entspricht.

Macht TaKeTiNa auch Sinn für jemanden, der kein musikalisches Interesse hat?

TaKeTiNa ist ein Weg, auf dem jemand durch Rhythmus-Prozesse innere Entwicklungsschritte machen kann. Zugleich entwickeln sich Musikalität und Kreativität. Viele Menschen, die ich regelmäßig begleiten darf, sehen TaKeTiNa als Möglichkeit, ihr tägliches Leben besser leben zu können, nicht um rhythmisch besser zu werden. Außerdem glaube ich, dass jeder Mensch ein gewisses musikalisches Grundinteresse hat. Wir sind doch „musikalische Wesen“, die in einer Welt voll Klang und Rhythmus leben. Wie sonst wäre es möglich, Menschen so leicht für Musik zu begeistern – wenn man es nur richtig angeht? Menschen, die nie musiziert haben, interessieren sich für TaKeTiNa, weil sie gehört haben oder instinktiv wissen, dass dieser Weg ihnen etwas vermittelt, was sie im täglichen Leben brauchen können. Im TaKeTiNa-Prozess werden Stärken und Schwächen transparent und Rhythmus ist dabei ein Spiegel, mit dessen Hilfe behindernde Verhaltensweisen transformiert werden können. In diesem Kontext ist es leicht, chronische Ungeduld, reflexartige Schuldzuweisungen oder fehlendes Selbstvertrauen als eingelernte Verhaltensmuster zu erkennen, denn sie werden durch den rhythmischen Prozess in kurzen Zeitabständen immer wieder stimuliert. Den einen oder die andere führt das auch zurück in jene Zeit, in der die behindernden Verhaltensmuster entstanden sind. An dieser Stelle kann der Rhythmusprozess in eine therapeutischen Arbeit übergehen, die der Leiter natürlich auch verbal begleitet.

Statt reflexartig zu *reagieren*, lernen Menschen, auf neue, bislang unbekannte Art und Weise zu *agieren*. Durch diese Erfahrungen wird klar: Reflexartiges Reagieren ist eine sich wiederholende *Einfalt*, spontanes Agieren hingegen kreative *Vielfalt*. Und das, was jemand im Rhythmus lernt, steht später im täglichen Leben zur Verfügung.

Doch zurück zum musikalischen Aspekt: Menschen, die nie zuvor aktiv musiziert haben, lernen in kurzer Zeit profunde rhythmische Orientierung. Wenn Menschen sagen: „Ich bin unrhythmisch“, meinen sie: „Ich habe keine rhythmische Orientierung, ich weiß nicht, wo rhythmische Bewegungen beginnen, wo sie enden und in welcher Beziehung sie zu den Klängen der Musik stehen.“ Sie sagen: „Es ist mir unmöglich, mit anderen in einen gemeinsamen Puls• zu finden.“ Die TaKeTiNa-Rhythmuserfahrung jedoch zeigt den Menschen, dass sie sehr wohl mit anderen in einen gemeinsamen Puls fallen können, und sie realisieren: „Ich habe ‚Antennen‘ für Rhythmus, auch wenn ich das nicht gewusst habe, und ich kann diese auch anschalten.“ Es ist bewegend zu erleben, wie tief es Menschen emotional berührt, wenn sie zum ersten Mal ganz vom Rhythmus getragen sind und sich als Teil eines großen Ganzen erleben können. Spätestens an diesem Punkt ist jedem klar, dass Musik ein urmenschliches Bedürfnis ist.

Ein Musiker ist ja bereits rhythmisch entwickelt. Viele Musiker lernen jedoch regelmäßig mit TaKeTiNa. Inwiefern profitieren sie also davon?

TaKeTiNa vermittelt einem Musiker das, was in der Musik am schwersten zu erlernen ist: das Spielen mit „Groove•" und „Flow•". Pulsieren• und Strömen sind essenzielle Qualitäten von Musik. Sie setzen eine Balance von Machen und Geschehenlassen voraus und diese lässt sich erfahrungsgemäß am besten ohne Instrument entwickeln.

Zugleich kann TaKeTiNa Musikern helfen, mit dem Leistungsdruck umzugehen, unter dem viele von ihnen leiden. Bei Kursen an Musikhochschulen habe ich immer wieder erlebt, dass Musiker mit dem Gefühl leben, nicht gut genug zu sein. Auch wenn es notwendig ist, dass ein professioneller Musiker seine Stärken und Schwächen kennt, wirkt ein chronisches „Besser-Sein-Wollen" destruktiv. Es stellt sich ein Defizitgefühl ein, das die Leistungsfähigkeit vermindert. Scheitern ist vorprogrammiert, wenn jemand beim Musizieren besser sein will, als er es im Moment ist. Ich habe erlebt, dass Musiker mit einem eher bescheidenen technischen Können ihr Publikum tief berühren. Sie sind eins mit dem, was sie spielen. TaKeTiNa kann Musikern helfen, eins mit sich und der Musik zu werden, ohne dabei den Impuls zum Üben und zur Weiterentwicklung aufzugeben.

Woher kommt der Name „TaKeTiNa" und was bedeutet er?

Ta – Ke – Ti – Na sind vier Silben, die, rhythmisch gesprochen zu einer Rhythmussprache für den Körper werden. Die in ihnen enthaltenen Informationen richten sich nicht an das Denken, sondern an die Sensomotorik.

Während meiner Studienzeit in Indien habe ich lange mit der rhythmischen Stimme experimentiert und dabei bemerkt, dass man die Bewegungen, die beim Sprechen im Mund entstehen, als „Wege" wahrnehmen kann, auf denen man durch eine innere Landschaft wandert. Diese „Wege" werden im TaKeTiNa-Prozess über lange Zeit „beschritten". Sie werden dadurch „breiter", so wie in den Nervenbahnen, die immer wieder aktiviert werden, größere Synapsen entstehen oder – anderes gesagt – breitere „Wege", auf denen nervale Reize weitergeleitet werden.

Mitlaute und Selbstlaute enthalten Informationen: Die Mitlaute T, K, T, N formen – rhythmisch gesprochen – eine Vier, spürbar an verschiedenen Berührungspunkten im Mund: „T" vorne, an den Zähnen, „K" hinten am Gaumen. Jeder kann das ausprobieren. Die Vokale a, e, i, a beschreiben einen wiederkehrenden Bogen, der mit „a" beginnt und wieder zum „a" zurückführt. Würde man die Vokale nur mit einem einzigen Mitlaut sprechen, beispielsweise mit dem „T", so ergäbe das „Ta Te Ti Ta". Und da für das „T" immer wieder die gleiche Stimmposition vorne im Mund erforderlich ist, wäre das Sprechen dieser Silbenfolge entsprechend anstrengend und würde zu keiner autonomen Bewegung führen. Bei der Kombination Ta Ke Ti Na hingegen formt sich das „T" vorne bei den Zähnen, das „K" hinten beim Kehlkopf, das „T" wieder vorne bei den Zähnen und für das „N" muss man zusätzlich die Nase aktivieren.

Dass dieser Prozess „TaKeTiNa" heißt, kommt aus seiner Entstehungsgeschichte. Als wir beim Entwickeln des Prozesses unterschiedliche Silben ausprobierten, blieben den Teilnehmern dieser Kurse offensichtlich diese vier am deutlichsten im Gedächtnis hängen. Obwohl wir mit GaMaLa, MuSanGaLa, GaMaLaTaKi und vielen anderen Silbenkombinationen arbeiteten, fragten sie: „Wann machen wir das nächste Mal TaKeTiNa?" Der Prozess hat sich sozusagen selbst einen Namen gegeben, und das gefiel mir.

3.2 TaKeTiNa – für wen?

„„Ich bin gut, zwar nicht so gut wie dieser, dafür aber schon besser als jener!' Viele Menschen sind so orientiert. Die Sonne ist anders: Sie strahlt aus sich heraus und scheint auf alles. TaKeTiNa will Menschen helfen, die Sonne in sich zu finden."

Musiker lernen neben Menschen, die noch nie aktiv musiziert haben. Sind die einen dabei nicht unterfordert, während die anderen überfordert sind?

Im normalen Lernen wäre das der Fall. Im TaKeTiNa-Prozess jedoch kann jeder Teilnehmer selbst bestimmen, auf welchem Niveau von Komplexität er sich bewegen möchte. Er kann zwischen einfach und komplex selbst „hin- und herschalten". Stimm-, Klatsch- und Schrittrhythmus sind für sich alleine immer elementar und leicht realisierbar. Wenn jemand also nur eine oder zwei rhythmische Ebenen körperlich mitmacht, kann er im einfachen Bereich bleiben und zugleich mit dem Hören an allen anderen Rhythmusebenen teilnehmen. Das ermöglicht musikalische Fülle und Vielschichtigkeit, in der ein Anfänger sonst nie lernen könnte.

Das Angebot, dass man jederzeit auch nur einen Teil des rhythmischen Angebotes realisieren kann, eröffnet einen neuen Lernprozess. Es braucht dafür eine klare Selbstwahrnehmung darüber, was in jedem Moment geht und was noch nicht. Das Ausloten dieser Grenzen kann zum emotionalen Prozess werden, vor allem für jemanden, der schon weiter sein möchte, als er ist.

Indem jeder in jedem Moment die Wahl zwischen einfach und komplex hat, erlebt also jeder ein und denselben TaKeTiNa-Prozess aus völlig unterschiedlichen Blickwinkeln. Das generiert eine Vielfalt an Erfahrungen, und wenn ein TaKeTiNa-Prozess gut angeleitet ist, kann ein Profi an seine Grenze gehen, während der Anfänger in einer interessanten musikalischen Umgebung seine ersten Schritte machen kann.

Kann TaKeTiNa auch ein Weg für Kinder sein?

Ja, jedoch unter bestimmten Umständen. Der Zeitrahmen des normalen TaKeTiNa-Prozesses geht über 2 ½ Stunden und übersteigt damit die Fokusspanne eines Kindes bei Weitem.

In einem angepassten Format jedoch kann TaKeTiNa gerade Kindern etwas geben, was sich entscheidend auf ihre Entwicklung auswirken kann: Die rhythmischen Erfahrungen können sie auf spielerische Art und Weise mit dem Zustand von Meditation vertraut machen. Sie lernen gleichsam nebenbei Zeitlosigkeit kennen und sind in der Lage, temporär ihre Identifikation mit dem Ich zu vergessen. Gerade für Kinder ist das von entscheidender Bedeutung, ringen sie doch ohnehin die meiste Zeit mit dem Formen ihrer Identifikation. Jahrtausende wurde dieser Prozess bei Naturvölkern und in Hochkulturen mit Rhythmusritualen begleitet. Diese vermittelten den Kindern einfach im Dabeisein, dass das Ich auch Teil eines größeren Ganzen sein kann. Die

Aufgabe ist, ein heranwachsendes Kind einerseits beim Formen seiner Identität zu unterstützen, ihm zugleich aber Wege zu zeigen, wie es sich nicht darin verstrickt.

Jeder Mensch sucht – bewusst oder unbewusst – nach dem Erleben von zwei Seinszuständen: Zeitlosigkeit und Selbstvergessenheit. Dies macht beispielsweise einen Orgasmus so attraktiv: das kurzzeitige Eintauchen in Zeitlosigkeit und das temporäre Auflösen der Ich-Identifizierung. In diesem Zustand begegnet der Mensch seinem größeren Selbst und einem lang nachklingenden Erfüllt-Sein. Je früher wir diese beiden Zustände für einen heranwachsenden Menschen öffnen, umso leichter wird er es in seinem Leben haben. Rhythmus ist und war immer ein Weg dorthin.

Bei der Frage, ob TaKeTiNa auch ein Weg für Kinder sein kann, ist natürlich auch zu bedenken: Kein Kind lernt ausschließlich in Kursen, nicht einmal in einer ganzheitlich geführten Schule. Das Leben ist das Lernfeld und dazu braucht es Eltern, die selbst bereit sind, mit ihren Kindern weiterzulernen. Eltern können nur das weitergeben oder vermitteln, was sie selbst erlebt und verinnerlicht haben. Insofern profitieren auch die Kinder, wenn ihre Eltern in einem TaKeTiNa-Workshop essenzielle Seins-Zustände entdecken. Derjenige, der diese Seins-Qualitäten in sich aufspürt, wird für Kinder ganz natürlich zum Vorbild – ohne dass er sich als solches hinstellen muss.

Kinder lernen wie von selbst, wenn man sie nicht daran hindert. Aus meiner Sicht gibt es zwei Extreme, die Kindern Schaden zufügen können. Übertriebener Elternstolz, der das Kind ständig in den Mittelpunkt stellt und es damit überlastet; dem Kind alles durchgehen lassen, weil man als Elternteil vom Kind geliebt sein will, ist eine Variante davon. Das andere Extrem ist die Vernachlässigung, bei der Kinder aus Bequemlichkeit vor dem Fernseher oder hinter der Spielkonsole „geparkt" werden, damit sie eine Zeit lang Ruhe geben. Zahlreiche Studien, die der Gehirnforscher Manfred Spitzer in seinem, im Internet veröffentlichten Vortrag: „Vorsicht Bildschirm" zusammenfasst, haben gezeigt, dass Fernsehen für Kinder bis zum vierten Lebensjahr zu gravierenden Entwicklungsstörungen im späteren Leben führen kann.

Erziehung setzt voraus, dass Eltern selbst einen inneren Weg gehen. Dabei kann das Lernen mit TaKeTiNa hilfreich sein. Aus dieser Sicht wird klar, dass es nicht damit getan ist, ein Kind einmal wöchentlich in einen TaKeTiNa-Kurs zu schicken. Rhythmusbewusstsein in Kindern zu stimulieren ist ein Kinderspiel. Man braucht dabei nur auf die Signale des Kindes zu achten und muss mit Rhythmus spontan agieren können. Das aber zeigt wiederum: Kinder sind für Eltern ein Auftrag, selbst weiterzuwachsen.

Du hast mit deiner Frau für das Karajan-Institut in Wien mit musikalisch hochbegabten Kindern gearbeitet. Was war das Besondere an dieser Gruppe?

Die Kinder und Jugendlichen waren zwischen acht und 16 Jahren alt und hatten erstaunlicherweise zunächst einmal eine schlecht ausgebildete Fokussierungsfähigkeit. Warum das so war, zeigte sich bald: Alle lebten unter ziemlichem Leistungsdruck und hatten zugleich wenige Möglichkeiten, mit jemandem darüber zu sprechen. Die Ta-

KeTiNa-Erfahrungen eröffneten einen Raum für direkte Erfahrungen, in denen es primär um sie als Personen ging und nicht um die Interpretation eines Stückes oder dessen technische Schwierigkeiten. Das Lernen mit TaKeTiNa konfrontierte diese Jugendlichen mit ihrem zentralen Thema: mit dem angelernten Glauben, um jeden Preis gut sein zu müssen. Wie sich herausstellte, war das bei manchen auch mit Liebesentzug verbunden, wenn es mal nicht so klappte, wie es klappen sollte. In diesem Kurs war alles anders. Der erlebte Freiraum machte den Jugendlichen Angst und faszinierte sie zugleich. Ja, er warf Fragen auf – Fragen, die nun endlich gestellt werden durften. Sie wurden mit ihren Ängsten, Zweifeln und Unsicherheiten ernst genommen und das öffnete weitere Räume.

Die Erfahrung zeigte, dass sich innere Prozesse in direkte handfeste Resultate umsetzen. Eines davon war, dass alle Jugendlichen ihre Aufmerksamkeitsspanne von anfänglich 20 Minuten schließlich auf bis zu drei Stunden ausdehnen konnten. Das scheint mir eine enorme Steigerung zu sein. Einige berichteten am letzten Tag, dass sie wesentlich fokussierter und freier üben könnten. Über solche Resultate freue ich mich.

Was ist mit Menschen, die alt sind oder die sich nicht bewegen können? Sind diejenigen, die auf einen Rollstuhl angewiesen sind, von Rhythmuserfahrungen ausgeschlossen oder gibt es auch für sie einen Weg in TaKeTiNa?

Die Bewegungen, in welche die Teilnehmer eines TaKeTiNa-Prozesses geführt werden, sind sanft und harmonisch. Daher sind sie auch für alte und gebrechliche Menschen geeignet. Zudem besteht ja auch die Möglichkeit, sich jederzeit hinzusetzen.

Menschen, die an den Rollstuhl gebunden sind oder Beinprothesen tragen, können deswegen mitmachen, weil sie lernen, die rhythmischen Bewegungen innerlich mitzumachen. Die Erfahrung zeigt, dass das ebenso wirksam ist wie eine tatsächliche Bewegung. Menschen, die sich aufgrund einer Lähmung oder eines anderen Gebrechens nicht oder nur eingeschränkt bewegen können, haben diese Fähigkeit in der Regel ganz natürlich entwickelt und können Bewegungen innerlich ausführen.

Verschiedene Altersgruppen reagieren sicherlich unterschiedlich.

In gewissen Bereichen sind sie unterschiedlich, in anderen wieder ähnlich. Jeder lernt dort, wo er steht, und das ist für einen Pubertierenden natürlich ein anderer Ort als für einen Erwachsenen. Wenn Menschen so unterschiedlicher Altersgruppen miteinander in einem Kreis lernen, so schafft das – wenn der Prozess gut geleitet ist und gegenseitigen Respekt aktiviert – eine große Ausdrucks- und Erlebnisvielfalt. Unterschiedlichkeit, die sich in Kommunikation und Austausch befindet, kreiert Intelligenz. Die Älteren können in diesem Lernprozess ebenso von den Jungen lernen wie umgekehrt. Beide sind durch das Medium Rhythmus miteinander verbunden.

Gibt es spezielle TaKeTiNa-Angebote für alte Menschen oder für Alzheimerpatienten?

Bisher gibt es vereinzelte praktische Erfahrungen mit TaKeTiNa in der Geriatrie. Ich habe selbst erlebt, dass Menschen, die unter Alzheimer oder Demenz leiden, intensiv auf Rhythmus reagieren. Das wurde mir in der Begegnung mit einem Bekannten, der an Alzheimer in einem fortgeschrittenen Stadium litt, besonders deutlich. Die Krankheit war so weit fortgeschritten, dass es völlig unmöglich war, verbal mit ihm Kontakt aufzunehmen. Alles, was er von früh bis spät tat, war, beliebige Zahlenkolonnen auf ein Blatt Papier zu schreiben. Als ich versuchte, durch rhythmisches Klatschen und Summen seine Aufmerksamkeit zu gewinnen, reagierte er sofort. Das ging so weit, dass wir über rhythmisches Klatschen in eine Art Dialog kamen. Sein Gesicht veränderte sich dabei und es kam ein Leuchten in seine Augen. Das fand ich sehr bemerkenswert, das hat mich sehr berührt.

Gespräche mit Ärzten und Wissenschaftlern geben mir die Hoffnung, dass TaKeTiNa eine Möglichkeit sein kann, die Wahrscheinlichkeit zu vermindern, dass Alzheimer und Demenz überhaupt entstehen. Dafür jedoch müssten Menschen mit dem Üben beginnen, lange bevor sich akute Symptome einstellen. Erwiesen ist, dass TaKeTiNa die Vernetzungskapazität im Gehirn fördert und Präsenz schult. Ich bin sicher, dass wir in unserem Wiener Forschungsprojekt bald genauere Daten darüber erhalten.

Macht TaKeTiNa für geistig oder körperlich behinderte Menschen Sinn?

Wir hatten bereits mehrmals Familien in Kursen, die geistig behinderte Kinder mitbrachten. Nach einem kurzen gemeinsamen Gespräch konnten sich die Kinder – sicherlich auch durch die Begleitung der Eltern – gut in das rhythmische Geschehen integrieren. Was ich dabei faszinierend fand, war Folgendes: In bestimmten Abständen fielen die Kinder in chaotisches Verhalten und agierten das auch aus. Da TaKeTiNa jedoch ohnehin mit Chaosphasen arbeitet, wurde dies von der Gruppe nicht als Störung, sondern als Bereicherung erlebt. Dabei erlebten die Kinder offensichtlich ein intensives Angenommen-Sein, denn bisher waren sie entweder in Behindertengruppen oder in ihrer eigenen Welt. Nun erlebten sie sich plötzlich als Teil einer ganz „normalen" Gruppe von Menschen aller Altersstufen. Sie spürten, dass sie als das angenommen wurden, was sie sind. Es ist wunderbar zu erleben, wie solche Kinder in diesem Feld manchmal Glückseligkeit ausstrahlen, ohne dass es von außen dafür einen bestimmten Grund gibt.

In der heutigen Welt gibt es viele Menschen, die an dauerhaften Depressionen leiden oder in akuten Krisensituationen stecken. Arbeitest du auch mit solchen Menschen?

Ja, die meisten von ihnen kommen deshalb, weil sie jemanden kennen, der TaKeTiNa bereits erlebt und damit gute Erfahrungen gemacht hat.

Menschen in akuten Krisensituationen oder depressiven Menschen fehlt der Kontakt zum Boden sowie der Zugang zur lebendigen Flexibilität. Den Ausdruck „bodenlose Angst" kann man also wörtlich nehmen: Es ist ein Zustand, in dem man der Angst nichts mehr entgegenzusetzen hat. Die meisten bewegen sich entweder erregt oder wirken wie eingefroren. Wenn es gelingt, diese Menschen in einen Rhythmus einfacher Schritte zu führen und sie an die Kraft des rhythmischen Feldes anzubinden, setzt eine dynamische Erdung ein, durch die sich beide Extreme – die Übererregbarkeit und das Eingefroren-Sein – allmählich balancieren. Die Menschen werden lebendig, ihre Augen fokussieren wieder. An diesem Punkt ist die erste Voraussetzung dafür geschaffen, dass sich die Depression oder die Starre lösen können.

3.3 Den inneren Lehrer wecken

„Wahl beinhaltet Bewusstsein – ein hohes Maß an Bewusstsein. Ohne das hast du keine Wahl. Wahl beginnt in dem Moment, in dem du dich vom Verstand und seinen konditionierten Mustern trennst, in dem Moment, in dem du wachsam wirst. Bis du diesen Punkt erreichst, bis du in spiritueller Hinsicht unbewusst. Das bedeutet, du kannst nur auf eine bestimmt Weise denken, fühlen und handeln, der Konditionierung deines Verstandes entsprechend. Darum sagt Jesus auch: ‚Vergib ihnen, denn sie wissen nicht, was sie tun.' Das bezieht sich nicht auf Intelligenz im üblichen Sinne. Ich habe viele hochintelligente und gebildete Menschen getroffen, die zugleich vollkommen unbewusst waren, sozusagen völlig mit ihrem Verstand identifiziert." – *Eckhart Tolle*

Erfahrungsgemäß gibt es beim Lernen mit TaKeTiNa zahlreiche Herausforderungen!

Für jeden Menschen, der sich auf einem Weg innerer Entwicklung befindet, ist es eine Herausforderung, den „inneren Lehrer" zu wecken, um damit den Gegenspieler – den „inneren Nörgler" – zu transformieren. Letzterer ist eine von uns selbst erschaffene innere Instanz, die uns mit chronischen Negativstimmen das Leben schwer macht. Der innere Nörgler sagt: „Das kannst du ohnehin nicht." „Das wird dir nie gelingen." „Siehst du, schon wieder hast du versagt!" Er zerstört jedes Quäntchen Selbstbewusstsein, ist zynisch und von Grund auf negativ eingestellt.

Der innere Lehrer hingegen kommt aus der uns innewohnenden Weisheit, die uns in Lern- und Entwicklungsprozessen unterstützt. Er ist gelassen, ausdauernd, humorvoll und macht neugierig auf das Leben. TaKeTiNa kann durch Selbstbegegnung in Rhythmus Zugang zu diesem inneren Lehrer schaffen. Der Lernende wird so unabhängig von Außenbestimmung und kann von jedem lernen, der ihm begegnet.

Das Erwecken des inneren Lehrers ist für viele Menschen eine neue Erfahrung, ist es doch in der heutigen Pädagogik ungewöhnlich, einen Pool des Wissens in sich selbst zu suchen. Das setzt die Bereitschaft voraus, in den Spiegel zu schauen, denn der innere Lehrer kann erst aktiv werden, wenn wir bereit und fähig sind, behindernde Verhaltensmuster aufzulösen. Aus dieser Sicht ist der Leiter eines TaKeTiNa-Prozesses ein „Türöffner". Als solcher kann er jemandem helfen, diese Instanz der Weisheit in sich zu finden.

Es geht also mehr darum, aufzulösen, was einen Menschen vom Kontakt mit dieser Quelle trennt, und weniger darum, noch etwas hinzuzufügen. „Wegnehmen und auflösen anstatt hinzufügen und verdichten" – so könnte man TaKeTiNa kurz beschreiben. Das ist eine der wesentlichen Herausforderungen für Leiter und Lernende.

Braucht der „innere Lehrer" Stimulation?

Der innere Lehrer muss stimuliert werden, damit er erwacht. Ist er einmal aktiviert, so wirken seine Weisheit, Kraft und Freude wie von selbst. Es braucht Achtsamkeit, um den Kontakt zum inneren Lehrer lebendig zu halten, denn die Versuchung ist groß, wieder alles ausschließlich im Außen zu suchen. Viele Menschen sind so aufgewachsen und in den Schulen wird noch viel zu wenig mit Hilfe des inneren Lehrers gearbeitet.

Die innere Wachheit, die notwendig ist, um mit dem inneren Lehrer in Verbindung zu bleiben, kann man den „inneren Zeugen" nennen. Es ist jene Wachheit, die merkt, dass ich im TaKeTiNa-Prozess seit längerer Zeit die Schultern hochgezogen habe, dass meine Oberschenkel angespannt sind oder dass ich viel zu laut klatsche – obwohl ich das gar nicht beabsichtige. All das braucht keine Korrektur von außen, wenn der innere Zeuge wach ist. Dieser hält einen Scheinwerfer auf das, was gerade ist, und wenn Licht auf eine behindernde Verhaltensweise fällt, schmilzt diese wie Schnee in der Frühlingssonne.

Das Auflösen alter Verhaltensmuster kann auch mit Angst verbunden sein. Angst ist für viele Menschen heute ein zentrales Thema.

Angst ist nicht gleich Angst. Die wesentliche Frage ist, ob die Angst chronisch oder akut ist, ob sie durch eine reale Situation oder durch innere Imagination stimuliert wird. Wenn jemand sich im Dschungel verirrt und weiß, dass er unter Umständen nicht mehr herausfindet, dann stimmen Angst und Realität überein. Das ausgeschüttete Adrenalin kann zu Höchstleistungen anspornen, sowohl mental wie auch physisch. Sitzt jemand hingegen zu Hause am warmen Kamin und hat dabei Angstschweiß auf der Stirn, so ist diese Angst von der äußeren Situation abgekoppelt. Akute Angst, die aus einer konkreten Bedrohung wächst, hilft Adrenalin auszuschütten und dadurch für kurze Zeit über die normale Leistungsfähigkeit hinauszuwachsen. Chronische Angst, die „in" jemandem lebt, lähmt das Leben.

Im TaKeTiNa-Prozess begegnet der Lernende natürlich seiner chronischen Angst, denn äußerlich gibt es ja keine Bedrohung. Für mich war es zunächst erstaunlich, dass eine Folge von Situationen, in denen jemand etwas nicht realisieren kann, in einer so getragenen Atmosphäre Versagensängste auslösen kann. Bald wurde mir klar, dass die Kombination von getragener Atmosphäre und intensiven Emotionen der beste Nährboden für innere Weiterentwicklung und das Auflösen alter Ängste ist. In diesem Feld wagen die meisten, aufsteigende Angstgefühle zuzulassen, und das Getragen-Sein in einem rhythmischen Feld verhindert, dass die Angst überwältigend wird. Es wird in diesem Prozess leichter, mit der aufsteigenden Angst innerlich ruhig zu bleiben.

Da ich das selbst seit vielen Jahren praktiziere, habe ich die Erfahrung gemacht, dass sich das Angstgefühl grundlegend verändert. Im Zulassen schmilzt die Angst sozusagen. Verdrängen, Tabuisieren oder Verschönern hingegen machen das Leben letztendlich sehr viel schwerer und schaffen Leiden, denn alles, was ich verdränge, drängt früher oder später zurück – und das umso heftiger.

3.4 Lernen im eigenen Zeitmaß

„Im eigenen Zeitmaß zu lernen beschleunigt den Lernprozess – auch wenn das bedeutet, erst einmal langsamer zu werden."

Im eigenen Zeitmaß lernen oder arbeiten zu können, diese Erfahrung haben die meisten Menschen nie gemacht. Sowohl in der Schule wie auch später im Beruf wird das Zeitmaß für die meisten von außen vorgegeben. Was bringt das Lernen im eigenen Zeitmaß?

Das Lernen im eigenen Zeitmaß ist das ökonomischste Lernen überhaupt. Wenn es gelingt, das Innentempo mit dem Außentempo zu koordinieren, wenn sich jemand erlaubt, in einem Moment, in dem er gerade nicht sehr aufnahmefähig ist, wenig zu nehmen, und dann, wenn er aufnahmefähig ist, viel, dann ist er mit sich im Rhythmus. Zu diesem Lernprozess gehört auch, die Wahrnehmung zuzulassen, was man kann und was nicht. Allein das kann für manchen ein intensiver Prozess sein, fällt es doch vielen anfangs schwer, sich oder anderen zuzugestehen, was sie können und was nicht.

Im TaKeTiNa-Prozess kommt jeder an seine Grenzen, der Musiker ebenso wie der Anfänger. Daher wird auch jeder an die Frage geführt: Wie schnell kann ich wie weit gehen? Falle ich aus dem Grundschritt, wenn ich jetzt noch ein Klatschen dazunehme? Die Kunst, im eigenen Zeitmaß zu lernen, liegt im Spüren, wie viel in jedem Moment geht, wann man eine Pause braucht und wann es möglich ist, schnell vorwärtszugehen. Das eigene Zeitmaß zu finden ist vergleichbar mit der Ideallinie, auf der ein Ski- oder Autorennfahrer fährt. Findet er diese, erhöht das die Geschwindigkeit und Leistungsfähigkeit um ein Vielfaches.

Wenn ich in meinem Zeitmaß bleibe, wie komme ich dann mit dem Gruppenprozess mit, der sich immer weiterentwickelt?

Die übliche Erfahrung ist: Wenn ich aussteige, bin ich draußen, abgeschnitten, und wenn ich wieder einsteigen will, dann sind die anderen bereits weiter als ich und ich komme nicht mehr mit. In einer üblichen Diskussion oder in einem linearen Lernprozess, wie er in den Schulen stattfindet, ist dies tatsächlich meistens der Fall.

Im TaKeTiNa-Prozess hingegen ist ein längerfristiges Aussetzen nicht nur möglich, sondern sogar effektiv. Der Schrittrhythmus bleibt über die ganze Zeit unverändert. Das ist wie ein offenes Tor, durch das man immer wieder zurückkommen kann, auch wenn sich die Rhythmen im Klatschen und in der Stimme weiterentwickelt haben. In TaKeTiNa lernt man also in einer „Umgebung", die einen einlädt, im eigenen Zeitmaß zu bleiben.

Und welchen Vorteil hat in diesem Zusammenhang, dass TaKeTiNa mit längeren Zeiteinheiten arbeitet?

Der Vorteil liegt darin, dass es Raum gibt, sein eigenes Zeitmaß entdecken und umsetzen zu können. Das braucht Zeit und die nimmt man sich eher, wenn man weiß, dass die Rhythmusreise lange dauert und nicht schon nach 45 Minuten zu Ende ist. Zugleich ermöglichen die langen Rhythmusreisen, dass jeder seinen individuellen Biorhythmus ins Lernen integrieren kann.

Ernest Rossi• und andere Forscher haben belegt, dass die Konzentrationskapazität des Menschen in einem ultradianen Rhythmus• schwankt. Ungefähr alle anderthalb Stunden durchlaufen wir ein „ultradianes Tief". Wenn wir diesem folgen und uns eine kurze Entspannung gönnen, resultiert dies in einer wesentlich besseren Präsenz in der Zeit danach. Das Problem dabei ist jedoch, dass diese Phasen bei jedem unterschiedlich ablaufen. Hier hat ein Prozess, bei dem man in seinem eigenen Zeitmaß bleiben kann, ohne dabei den Anschluss zu verlieren, den entscheidenden Vorteil, dass jeder seinen ultradianen Hochs und Tiefs folgen kann.

Bevor jedoch jemand fähig ist, diesen feinen Rhythmen zu folgen, geht es für viele um die Fähigkeit des „Loslassens". Viele Menschen neigen dazu, sich in eine Aufgabe – und sei es eine so einfache wie die Koordination von Schritten und Klatschen – festzukrallen und erst dann loszulassen, wenn sie wirklich erschöpft sind. Im rechten Moment loslassen zu können scheint mir ein wertvolles Lernresultat zu sein und schafft Raum für die feineren Wahrnehmungen der ultradianen Rhythmen.

3.5 Das Potenzial von Fehlern nutzen

„Im TaKeTiNa-Prozess kann das Erlauben von Fehlern sogar Angstbarrieren lösen. Der Lernende merkt, dass er letztendlich zu etwas Größerem vordringt, als lediglich alles ‚richtig' zu machen."

Im TaKeTiNa-Prozess sind Fehler ein Teil des Weges.

Das stimmt! Fehler machen zu dürfen kann den Lernprozess enorm beschleunigen, weil es den Druck auflöst. Fehler um jeden Preis vermeiden zu wollen hingegen verhindert Entwicklung, nicht nur in der Musik. Dahinter steht folgendes Gesetz: Wenn etwas nicht sein darf, will es umso heftiger in unser Leben. „Ich werde versuchen, in meinem Vortrag keine Fehler zu machen" ist das beste Konzept, dass mit Sicherheit welche passieren, und mit dieser Einstellung können wir mit der Situation, in der ein Fehler passiert, dann auch nicht umgehen. Statt lebendig zu werden, frieren wir ein, weil wir uns unbewusst den Makel des Versagens vorwerfen. Wenn etwas tabuisiert und mit „nicht" belegt wird, wird es versuchen sich zu manifestieren. Versuche doch mal in den nächsten zwei Minuten auf keinen Fall an weiße Elefanten zu denken ... Die Erfahrung zeigt: Wenn der Lernende mit dem Fehlermachen spielen darf, wird sich die Angst vor dem Fehlermachen auflösen.

Ein Bogenschütze lernt ins Schwarze zu treffen, indem er anfangs auch immer wieder daneben schießt. Wenn jemand ewig zielt, um möglichst nicht daneben zu schießen, wird er niemals Bogenschießen lernen. „Danebenschießen" ist Bestandteil des Lernens. Im TaKeTiNa-Prozess werden die Menschen eingeladen, selbst zu spüren: „Jetzt bin ich im Rhythmus, jetzt bin ich draußen, jetzt bin ich knapp daneben und jetzt wieder ganz drauf." Das kann ich nur spüren, wenn ich offen dafür bin, Fehler zu machen, wenn ich mir erlaube, in Ruhe wahrzunehmen, ob ich richtig bin oder falsch liege, und zwar ohne mich dafür zu tadeln oder zu loben.

Ist einmal die Tabuisierung des Fehlermachens aufgelöst, kann man auch ohne Probleme annehmen, dass man etwas richtig oder falsch spielt. Im spielerischen Umgang kann sich das größere Bild auftun und man kommt zum Essenziellen – wenn sich das Drama des Fehlermachens gelöst hat.

Üblicherweise versucht man, Fehler möglichst zu vermeiden. Ein Publikum erwartet doch von Musikern, dass sie im Konzert möglichst fehlerfrei spielen.

Das Erstaunliche ist: Wenn jemand die Angst vor dem Fehlermachen verloren hat, passieren ihm wesentlich weniger Fehler. Oder umgekehrt formuliert: Man macht genau dann Fehler, wenn man Angst davor hat. „Keine Fehler machen zu wollen" ist eine Negativorientierung, von der aus man nie zu Größe und Tiefe vordringen kann. Anstatt hingegeben und selbstvergessen zu spielen, achte ich darauf, möglichst keine Fehler zu machen. Als Zuhörer ist mir ein falsch gespielter Ton oder ein misslungener

Break• lieber als ein Konzert, das langweilig ist, weil die Musiker vor allem darauf fokussiert sind, fehlerfrei zu spielen. Selbst der geniale Pianist Vladimir Horowitz• hat hie und da eine falsche Taste erwischt. Doch die Musik war so zauberhaft, dass der „Fehler" eher wie ein Gewürz in einem wunderbaren Gericht erschien.

Das ist nun definitiv kein Plädoyer dafür, auf der Bühne möglichst viele Fehler zu machen. Doch wenn ich als Musiker die Angst verliere, Fehler zu machen, wage ich mich weiter an die Grenze, an der Unvorhersehbares passieren kann. Vor allem in improvisierter Musik ist dies ein Schlüssel zu faszinierenden Momenten. Wenn ein Musiker Angst vor Fehlern hat, trägt er sein einengendes „Ich" als Rucksack mit sich herum. Was viele aber an Musik fasziniert, ist das Unvorhersehbare, das im Moment Entstehende und die dahinter spürbar werdende Kraft.

3.6 Im „rhythmischen Feld" lernen

„Im TaKeTiNa-Prozess erfahren Menschen sich auf einer neuen Ebene. Viele sitzen nach zwei Tagen zusammen und reden miteinander, als würden sie sich schon lange kennen, und das, obwohl im TaKeTiNa-Prozess wenig gesprochen wird. Das ist die Wirkung des rhythmischen Feldes."

Was kann man sich unter einem „rhythmischen Feld" vorstellen?

Das Wort „Feld" kommt in der üblichen Pädagogik kaum vor. Vielleicht klingt es für manche zunächst auch etwas vage. Wenn man jedoch weiß, wie man ein rhythmisches Feld herstellen kann, wird es eine für jeden Menschen spürbare Realität. Das rhythmische Feld ist vergleichbar mit einem elektromagnetischen Feld, in dem Kräfte herrschen. Im rhythmischen Feld wirken vor allem Anziehung und Abstoßung. Ein rhythmisches Feld ist etwas Verbindendes, denn es schafft Wirkungen und Wechselbezüge zwischen den Bewegungen der Teilnehmer, des Surdo-Spielers• und des Leiters. Das, was passiert, kann sich ausbreiten wie Wellen in einem Teich.

Die Wirkung des rhythmischen Feldes wird besonders deutlich, wenn der Leiter eines TaKeTiNa-Prozesses Rhythmen singt, die mit den Rhythmen der Gruppe in Spannung stehen. Um die Reibung zwischen den Rhythmen zu erhöhen, bewegt er sich auch anders als die Teilnehmer: Er setzt seine Schritte auf den Grundpuls des Spannungsrhythmus, sodass zwei unterschiedliche, ja konträre Rhythmen gleichwertig im Feld wirken. Wenn es einem Leiter dabei gelingt, seinen „Gegenrhythmus" mit Stimme und Körperbewegung so darzustellen, dass er als neuer Grundrhythmus erscheint, fallen augenblicklich viele Teilnehmer aus ihrem Grundschritt. Empfindet der Leiter hingegen den alten Rhythmus weiterhin als Grundlage, so erscheinen seine Stimme und seine Körperbewegung als „Synkopen"• des Grundpulses•. In diesem Fall fällt kaum jemand aus dem Rhythmus, da es keine rhythmische Reibung gibt.

Das Merkwürdige ist, dass niemand wissen kann, wie der Leiter seinen Rhythmus tatsächlich empfindet. Dennoch aber reagieren alle unmittelbar auf das, was innerlich im Leiter abläuft – im ersten Fall mit „Aus-dem-Rhythmus-Fallen", im zweiten mit „Im-Rhythmus-Bleiben". Das ist nur möglich, weil es ein rhythmisches Feld gibt, in dem sich die Wirkungen umsetzen können. Einerseits ist das rhythmische Feld ein „Informationsträger", andererseits ist es jener Raum, in dem Synchronisation• stattfinden kann.

Auch der Begriff Synchronisation ist vielen in Bezug auf rhythmische Abläufe unbekannt.

Synchronisation• ist ein Prozess, in dem zwei oder mehrere Rhythmen in eine stabile Beziehung zueinander kommen. Und „Rhythmen" können hier Rhythmen in der Natur oder in unserem Körper sein, es können Hand- und Schrittbewegungen sein, aber auch mehrere Menschen, die sich in ein gemeinsames rhythmisches Gefüge einschwingen. Synchronisiert-Sein bedeutet, ohne Zeitversatz rhythmisch aneinandergekoppelt zu sein. So etwas lässt sich nicht machen, das kann nur geschehen, und genau darin liegt die Faszination.

Im TaKeTiNa-Prozess tauchen Menschen miteinander in ein Feld ein, in dem sie ständig Synchronisations- und De-Synchronisations-Phasen durchlaufen. Durch Selbstorganisation erreichen sie ein rhythmisches Miteinander-Verbunden-Sein, sodass die Beteiligten schließlich spüren, wie der Rhythmus sie mehr und mehr wie von selbst trägt.

Synchronisation ist also ein feines flexibles Miteinander-Fluktuieren•, eine rhythmische Art und Weise, Beziehung aufzubauen. Das meint auch das Wort „Groove", das übersetzt „Furche" oder „Rille" heißt: nicht starr, sondern flexibel, in Mikro-Bewegungen einander umtanzend in einem gemeinsamen Rhythmus sein.

In diesem Zustand erleben Menschen, was schon Generationen vor ihnen erlebt haben, als sie gemeinsam in Ritualen tanzten und trommelten: die Gleichzeitigkeit von kollektiver Verankerung und individueller Freiheit. Linear gesehen sind das Gegensätze. Im Rhythmus jedoch können beide zugleich existieren. Durch Selbstorganisation entsteht kollektive Synchronisation.

William Condon hat in seiner Kommunikationsforschung belegt: Wenn Menschen sich über lange Zeit in Synchronisationsprozessen rhythmisch miteinander verbinden, kommen sie sich auch ohne Worte unweigerlich näher.

Zugleich bleibt im TaKeTiNa-Prozess jeder auch ein Individuum, das sein eigenes Zeitmaß und seinen eigenen Ausdruck leben kann. Wenn zwei Menschen in diesem Zustand einander anschauen, ist die Kommunikation anders als sonst: freier, weniger verstrickt, humorvoll und offen. Das „Ich" und das „Du" können zugleich und damit gleich intensiv erlebt werden.

In TaKeTiNa gibt es viel Freiheit. Man kann sich jederzeit vom Rhythmus abkoppeln, etwas anderes tun, um später wieder zum Rhythmus zurückzukehren. Obwohl es all diese individuellen Freiheiten gibt, entsteht im Laufe der Zeit ein spürbar tragendes Feld.

Das An- und Abkoppeln aktiviert in den Lernenden innere Prozesse und sorgt für ein schnelles Eintauchen in den rhythmischen Fluss. Damit der Leser das auch nachvollziehen kann: An- und Abkoppeln heißt, dass jeder Teilnehmer sich zu jedem beliebigen Zeitpunkt aus dem Rhythmus ausklinken und später wieder einklinken kann. Er kann jederzeit seine Bewegung stoppen, kann stehen bleiben, sich hinsetzen, sich hinlegen oder sich sogar in einem freien oder anderen Rhythmus durch den Raum bewegen. Jemand, der das noch nicht erlebt hat, könnte meinen, dass dies zu Beliebigkeit und Chaos führen muss. Das rhythmische Feld jedoch, das der Leiter gemeinsam mit dem Surdo-Spieler• ankert, ermöglicht, dass all diese Ereignisse und Bewegungen zugleich geschehen können, ohne dass der Rhythmus dabei verloren geht.

Das Ab- und Ankoppeln ermöglicht eine „breitere Sicht" auf das rhythmische Geschehen. Wenn jemand sich körperlich aus dem Grundrhythmus der Gruppe löst und im freien Rhythmus durch den Raum geht, können das Spüren und das Hören plötzlich vieldimensional werden, wenn derjenige dabei den Rhythmen der Gruppe weiterhin zuhört. Ab- und Ankoppeln sind verbunden mit Loslassen und Zulassen und in diesem Wechsel kann dem Lernenden bewusst werden, ob er seine Aktivität und seinen Willen für oder gegen sich einsetzt. Im Loslassen öffnen sich die Kanäle des Hörens und Spürens wie von selbst.

Eine der intensivsten Formen, sich vom Rhythmus abzukoppeln, ist, sich in den Kreis der Menschen zu legen, um von dort aus Bewegungen und Gesänge auf sich wirken zu lassen.

Vielen wird in dieser Position erst bewusst, wie tragend der Klang der Basstrommel den Rhythmus unterstützt. Manche entdecken auch, dass sie im Liegen die Rhythmen mit minimalen Bewegungen in Händen oder Füßen mitmachen können, und genau diese Minimalbewegungen sind der Schlüssel: Je kleiner eine Bewegung äußerlich ist, umso deutlicher wird sie innen spürbar. Dort, wo sich innere und äußere Bewegung miteinander verbinden, beginnt Rhythmus zu tragen. Daher geschieht es immer wieder, dass manche aufstehen, zurück in den Kreis gehen und plötzlich alle Bewegungen zugleich realisieren können: die Stimme, das Klatschen und die Schritte. Vor dem Abkoppeln, vor dem Liegen schien ihnen dies noch absolut unerreichbar.

Voraussetzung für das An- und Abkoppeln ist, dass es ein Feld gibt, in dem Rhythmus und Bewegung ständig weitergehen. Wenn ich alleine bin, funktioniert das natürlich nicht, und da viele Musiker alleine üben, lässt sich das An- und Abkoppeln auch nicht einfach auf jeden Unterricht übertragen. Wer das An- und Abkoppeln jedoch einmal im TaKeTiNa-Prozess gemeistert hat, kann danach viel freier und spielerischer mit Rhythmus umgehen.

Es passiert auch, dass sich jemand tagelang in die Mitte des Kreises legt und schläft, während der Prozess mit voller Lautstärke weitergeht. Während der in der Mitte Liegende tief schläft, tönen um ihn herum Rhythmus und Gesang, und man sollte meinen, dass der Schlafende entweder von dem Geschehen gestört wird oder durch den Schlaf wenig mitbekommt. Das Erstaunliche jedoch ist, dass diese Menschen im Schlaf manchmal schneller lernen als in Bewegung. Wenn sie nach Tagen ganzkörperlich in den Rhythmus einsteigen, können sie ungleich mehr als zuvor. Das belegt aus meiner Sicht, dass Lernen im Schlaf möglich und effektiv ist, wenn die Voraussetzungen dafür gegeben sind.

Lernen im Schlaf klingt gut!

Im TaKeTiNa-Prozess spielt Schlaf in zweifacher Hinsicht eine Rolle. Die eine ist die soeben beschriebene: Menschen schlafen in einer Umgebung, die voller rhythmischer Informationen ist, und nehmen diese unbewusst und gerade dadurch ungefiltert auf. Auf diese Art und Weise lernen Babys und Kinder. Es können jedoch auch Erwachsene jederzeit zu dieser Art des Lernens zurückkehren.

Der zweite Bereich, in dem Schlaf eine wichtige Rolle im Prozess spielt, liegt in der Aufarbeitung jener Informationen, die das Nervensystem einen ganzen Tag lang im TaKeTiNa-Prozess aufgenommen hat. Im Schlaf werden die rhythmischen Eindrücke des Tages verarbeitet und Teilnehmer berichten immer wieder, dass sie in der Nacht Rhythmen träumen und danach besonders frisch aufwachen. Im Traum klingen die aktiven rhythmischen Bewegungen, die jemand während des Tages erlebt hat, als innere Bewegungen nach. Schlaf hat eine zentrale Funktion, damit innere und äußere Bewegungen miteinander in Beziehung treten können. TaKeTiNa-Kurse gehen daher in der Regel über mehrere Tage – die Nächte dazwischen sind ebenso wesentlich wie die aktiven Erlebnisse während des Tages.

3.7 Verknüpfung von Intelligenzen

„Intuition ist ein gefühltes Wissen, das plötzlich ins Bewusstsein gelangt, dessen tiefere Gründe man selbst nicht kennt, und das dennoch stark genug ist, uns zum Handeln zu bewegen. [...] Für gute Entscheidungen in einer unsicheren Welt muss man Informationen weglassen. Das steigert die Qualität. [...] Paradox formuliert besteht die Lebenskunst in einer Welt der Informationsüberflutung heute demnach darin, intuitiv zu wissen, was sich nicht zu wissen lohnt." – *Gerd Gigerenzer*

Kann der Körper verstehen, was der Kopf nicht kapiert?

Die Frage suggeriert, dass Kopf und Körper voneinander getrennt sind. In TaKeTiNa jedoch geht es genau um das Gegenteil – um die Verbindung von „Kopf" und „Körper" und um die Vernetzung der vielen Einzelsysteme: Verbales und Nonverbales, Retikuläres• und Instinktives, Emotionales und Rationales, Sensorisches und Motorisches. Je besser die Vernetzung ist, umso leistungsfähiger sind wir, umso vielschichtiger ist die Wahrnehmung und umso vielfältiger sind die Möglichkeiten, die uns offenstehen.

In diesem Netzwerk spielen Hören, Spüren und Bewegen eine besonders wichtige Rolle. Zwischen dem Ohr und dem Gehirn gibt es ungleich mehr Nervenverbindungen als zwischen Auge und Gehirn. Die Evolution wird dies mit Sicherheit nicht grundlos so angelegt haben. Wir wissen heute, dass in der Synthese aus Hören, Bewegen und Spüren ein enormes Intelligenzpotenzial steckt. Es sind genau die Kanäle, mit denen der TaKeTiNa-Prozess arbeitet. Aber auch die gleichzeitige Stimulierung der linken und rechten Gehirnhälfte durch unterschiedliche Bewegungen im rechten und linken Arm hat eine intensive Wirkung auf die Vernetzungskapazität des präfrontalen Neocortex• – also jenes Gehirnteils, der für die Integration der meisten Teilsysteme verantwortlich ist. Die SMARD-Watch-Messungen• aus unseren Forschungsworkshops zeigen sogar einen Anstieg des Synchronisationsverhaltens der beiden Gehirnhälften um 100 % über drei Stunden.

Intuition kann offensichtlich geschult werden.

Ja, wahrscheinlich sogar ziemlich weit! Wir nutzen ja nur einen Bruchteil des in uns angelegten Potenzials. Das können wir ändern. Es ist jedoch wichtig, möglichst früh mit der Schulung der Intuition zu beginnen, denn im Kindesalter bilden sich neuronale Vernetzungen besonders leicht.

Intuition ist ein Resultat guter Vernetzung. Leider wird sie manchmal immer noch als „geniale Begabung" einzelner Menschen oder als „Gefühl, aus dem Bauch zu handeln" missverstanden. Intuition ist eine essenzielle Form von Intelligenz, die jeder Mensch entwickeln kann und auch sollte, denn komplexe Situationen lassen sich am besten mithilfe von Intuition meistern – besonders in der heutigen Zeit, wo wir von Komplexität umgeben sind.

Intuition wird im TaKeTiNa-Prozess durch die gleichzeitige Stimulierung der beiden Gehirnhälften mit unterschiedlichen Bewegungen erweckt. Es geht darum, die Gehirnhälften zu einer möglichst intensiven Zusammenarbeit zu bringen – es geht um ein neuronales Netzwerk, das den Corpus Callosum• überspringt. Die Verbindung entsteht durch den Wechsel vom Entweder-oder-Modus in den Modus der gleichzeitigen Wahrnehmung.

Auch auf der emotionalen Ebene gibt es im TaKeTiNa-Prozess eine erfahrbare Gleichzeitigkeit: Menschen erleben, dass es ihnen möglich ist, widersprüchliche Emotionen gleichzeitig zulassen zu können.

Die gleichzeitige Wahrnehmung überträgt sich auf alle Ebenen – auch auf die emotionale. Deshalb erscheint es mir so essenziell, sie zu entwickeln. Mit ihr können Menschen mehrere Emotionen gleichzeitig zulassen, selbst dann, wenn diese widersprüchlich sind.

Es mag zunächst ungewöhnlich klingen, dass man zwei konträre Gefühlszustände zugleich zulassen kann. Jeder jedoch, der dies über längere Zeit praktiziert hat, kann bestätigen, dass es nicht nur eine enorme Bereicherung der Gefühlswelt ist, sondern auch zu einer hohen emotionalen Differenzierung führt. Die Fähigkeit, mehrere Emotionen gleichzeitig zulassen zu können, erlöst aus dem Zustand, in einer Emotion gefangen zu sein. Ein emotional differenzierter Mensch hingegen kann Wut und Zuneigung zugleich empfinden und so seine Umwelt und seine Mitmenschen auch differenzierter wahrnehmen. Derjenige, auf den man wütend ist, mutiert nicht gleich zum Ungeheuer, das es zu vernichten gilt. Und was im engsten Rahmen der Familie Erleichterung bietet, könnte auch, in der Politik angewandt, viel Leid ersparen.

In TaKeTiNa wird nicht das Zulassen mehrerer Gefühle an sich geübt, man erwirbt diese Fähigkeit vielmehr als Resultat des gesamten Lernprozesses. Was sich dabei erlöst, ist die zwanghafte Identifikation mit dem einen oder dem anderen Pol. Auch wenn ich einen Standpunkt habe, bleibe ich offen für den anderen. Fanatismus besteht darauf, eine Sichtweise durchzusetzen, und propagiert die Existenz einer „richtigen" Art und Weise, die Welt zu sehen. Intelligenz hingegen erlaubt Vielfalt, ohne dabei Standpunkte und Sichtweisen aufgeben zu müssen.

Der Lernende wird Beobachter von emotionalen Dynamiken, die in ihm ablaufen?

Nein, der Mensch ist Zeuge, kein Beobachter. Ein Beobachter ist distanziert und passiv, ein Zeuge ist nahe und beteiligt. Der Zeuge nimmt den Raum wahr, in dem alles passiert, und ist dadurch handlungsfähig. Er spürt den Zorn, die Ungeduld, die Sehnsucht mit voller Wucht, muss die Gefühle jedoch nicht gleich reflektorisch ausagieren. Das wiederum verändert die Gefühlswelt, vorausgesetzt, dass jemand beim Spüren und bei der Wahrnehmung bleiben kann. Auf diese Art und Weise kann jeder lernen, auch in intensiven Gefühlen versammelt bei sich zu bleiben, und genau das öffnet Tür und Tor für eine intensive Gefühlswelt. Erst dieses Versammeltsein erlaubt eine Tiefe und Wucht der Gefühle, die sonst überwältigend wären.

3.8 Polaritäten vereinen – Versöhnung von Gegensätzen

„Im TaKeTiNa-Prozess beginnen Bereiche, die normalerweise voneinander getrennt sind, ja sogar Gegensätze darstellen, miteinander zu kommunizieren: Denken und Fühlen, intuitives Handeln und kognitives Erkennen, äußeres und inneres Sehen verbinden sich zu einer real erlebbaren Gleichzeitigkeit."

Kann man Polaritäten vereinen?

Ja, Polaritäten kann man vereinen – allerdings nur in sich selbst! Außen ist die Welt eine Manifestation der Polarität: Mann – Frau, Licht – Dunkel, oben – unten, links – rechts, Tag – Nacht usw. Das Wirken der Polarität ist eine zentrale Grunderfahrung menschlichen Lebens. Die in der Polarität eingebaute Falle ist, das Leben ausschließlich aus dem Blickwinkel der Trennung zu leben und sich permanent im Entweder-oder-Modus zu befinden: entweder passiv oder aktiv, materiell oder spirituell, links oder rechts. Natürlich gibt es Bereiche, in denen es nur einen Entweder-oder-Modus gibt. Wenn ich an eine Weggabelung komme, dann kann ich nur entweder nach links oder nach rechts gehen, beides zugleich zu tun ist physisch unmöglich. Es gibt aber auch Bereiche, in denen die Gleichzeitigkeit von Polaritäten unsere Wahrnehmung enorm erweitern kann: Wenn ich mit der rechten Hand einen Kreis in die Luft zeichne, während meine linke Hand sich in einem Dreieck bewegt, sind nicht nur die Polaritäten linke und rechte Körperhälfte gleichzeitig aktiviert, sondern auch die archetypischen Formen rund und eckig.

Um so unterschiedliche motorische Abläufe gleichzeitig realisieren zu können, muss unsere Wahrnehmung auf einen anderen Modus umschalten – auf den der gleichzeitigen Wahrnehmung. In diesem Zustand kann man mit dem linken Arm aktiv einen Rasselrhythmus spielen, während der rechte Arm passiv ist, sodass ihn ein anderer frei bewegen kann. Dies ist einer von vielen Abläufen, die den Übenden in den Zustand der gleichzeitigen Wahrnehmung führen. Mit ihr verschwindet die Ausschließlichkeit, in ihr erlebe ich beides zugleich, beides gleich intensiv. Es ist klar, dass jemand, der die gleichzeitige Wahrnehmung nicht entwickelt hat, das anfangs nicht kann. Im TaKeTiNa-Prozess aber entwickelt sich diese Fähigkeit schon nach einigen Tagen und damit öffnet sich auch das Tor für eine neue Wahrnehmung der Welt.

Welche Wirkung das Vereinen von Polaritäten auf unser Bewusstsein haben kann, wird auch in den Gehirnwellenmustern deutlich. Wissenschaftler haben diese bereits bei Zen-Meistern oder Yogis in tiefer Meditation gemessen und dabei entdeckt, dass der Anteil an Betawellen, die vor allem im Wachzustand und bei Aufmerksamkeit dominieren, gleich groß ist wie der Anteil an Theta-Wellen, die vor allem im Tiefschlaf auftreten. Man könnte sagen: In diesem Zustand ist jemand völlig wach und befindet sich zugleich im Tiefschlaf.

Die Erfahrung zeigt, dass sich dieser Zustand auch auf das Zeitempfinden auswirkt.

Vergangenheit und Zukunft sind ja ebenfalls Polaritäten, die in unserer Vorstellung beziehungsweise in unserer Erfahrung existieren. Wir können weder Vergangenheit noch Zukunft direkt erleben. Der einzige Moment, in dem Leben stattfindet, ist jetzt! Wenn es jedoch gelingt, im Zustand der gleichzeitigen Wahrnehmung die imaginäre Zeitlinie zwischen Vergangenheit und Zukunft aufzulösen, dann tut sich wie von selbst Zeitlosigkeit auf und damit ein Zustand der Ewigkeit, der einige Minuten oder auch Stunden dauern kann. Für den, der sich in diesem Zustand befindet, macht das keinen Unterschied. Er befindet sich außerhalb der linearen Zeit. Die Ewigkeit ist kein unendlich langer Zeitraum, sondern ein Zustand, in dem wir uns außerhalb der linearen Zeit befinden, und das ist Urlaub pur.

Das „Verbinden von Polaritäten" scheint auch einen Einfluss auf den Kontakt der Menschen untereinander zu haben.

Die im Bereich der Kommunikation wichtigen Polaritäten sind „innen" und „außen". Im Alltag sind diese Bereiche häufig getrennt. Im Rhythmus jedoch lassen sie sich gezielt miteinander in Verbindung bringen. Wenn sich jemand mit Händen und Schritten in unterschiedlichen Rhythmen bewegt und dabei einem anderen Menschen in die Augen schaut, muss er, um im Rhythmus bleiben zu können, gleichermaßen Kontakt zu den Klatsch- und Schrittbewegungen wie auch zu den Augen des anderen haben. In dieser Situation verlieren viele anfangs den Rhythmus, denn den Rhythmus zu spüren, Kontakt aufzunehmen und damit nach außen zu gehen sind noch voneinander getrennte Bereiche. Durch die gleichzeitige Wahrnehmung verbinden sich diese Welten und der Lernende bekommt eine unmittelbare Bestätigung, dass diese Verbindung entstanden ist: Er erlebt, dass alles gleichzeitig möglich ist. Der Rhythmus gibt ihm unmittelbares Feedback über seinen Zustand. Sobald die unterschiedlichen Bereiche miteinander in Verbindung stehen, kann ich sogar dann im Rhythmus bleiben, wenn der andere aus dem Rhythmus fällt.

3.9 TaKeTiNa – ein spiritueller Weg?

„Rhythmus kann ein Weg sein, auf dem ich dem Eingebunden-Sein in größere Zusammenhänge begegne."

Liegt TaKeTiNa eine Weltanschauung oder ein Glaube zugrunde?

Ein Weg der Bewusstseinserweiterung kann an sich keine Weltanschauung sein, denn Weltanschauungen schließen einander aus und trennen. Sie sind festgeschrieben. Das Leben jedoch ist in ständiger Veränderung und Entwicklung und das setzt voraus, dass ich für alles offen bin, was mir auf meinem Weg begegnet. Glauben muss ich nur etwas, was ich nicht erfahren kann. In TaKeTiNa entsteht Wissen aus direkten Erfahrungen. Wo wäre da Platz für Weltanschauungen oder Glaubensgrundsätze?

Ist TaKeTiNa ein Weg, um an einen gewünschten Ort zu kommen?

Die Entwicklung des Menschen führt nicht an einen gewünschten Ort. Jeder, der sich auf einen inneren Weg begibt, wird bald merken: Der Weg selbst ist das Ziel – und der führt uns meistens durch Bereiche, von denen wir zu Beginn noch nicht einmal zu träumen wagen.

In dem Buch „Zen in der Kunst des Bogenschießens" beschreibt der Autor Eugen Herrigel, wie er gelernt hat, als Schütze mit der Scheibe eins zu werden. Es scheint, dass TaKeTiNa ein ähnlicher Lernweg ist, der statt mit Pfeil und Bogen mit Rhythmus arbeitet.

Ja, wenn man will, kann man das so sehen. Die Parallele ist die, dass sich im TaKeTiNa-Prozess die Trennung zwischen Rhythmus und dem Im-Rhythmus-Seienden auflöst. Rhythmus wird Seinszustand! Ich bin Rhythmus – statt ich mache Rhythmus.

Meditation kennen viele als ruhiges Sitzen, Konzentration und äußere Stille. Unter Rhythmus hingegen verstehen die meisten etwas Lautes und Aktives. Wie kann TaKeTiNa diese gegensätzlichen Welten miteinander verbinden?

TaKeTiNa braucht nichts miteinander zu verbinden. Im Rhythmus sind die beiden Welten von Natur aus miteinander verbunden. Lausche auf den Puls deines Herzens! Der Herzschlag ist kraftvoll und zugleich meditativ, hochkomplex und zugleich auch ganz elementar.

Wenn ein japanischer Taiko-Trommler• die riesige O-Taiko-Trommel• energetisch schlägt, dann kann das lauter und heftiger sein als ein Gewitter. Ja, man hatte im alten Japan die Ausdehnung eines Dorfes daran gemessen, wie weit der Klang des Dorf-Trommlers drang. Und dennoch: Immer, wenn Mütter mit Kleinkindern bei diesem Trommeln anwesend sind, fallen die Kinder in einen süßen tiefen Schlaf. Rhythmus kann alle Seinszustände öffnen. Trommeln kennt die gesamte Skala vom leisesten Klicken einer Rahmentrommel• bis zum mächtigen Donnern der O-Taiko.

Auch der TaKeTiNa-Prozess ist manchmal sehr laut und intensiv, dann wieder meditativ und sehr leise. Beides führt in die Stille, und zwar nicht in die äußere, sondern in die innere Stille. Beim intensiven Trommeln öffnet sich innere Stille besonders leicht. Das erlebe ich immer wieder vor der koreanische Buk•: Während ich mich physisch sehr aktiv bewege, öffnet sich ein Raum, in dem ich Trommler und Zuhörer zugleich sein kann. Oft weiß ich nicht, was ich im nächsten Moment spielen werde, doch ich spüre, dass ES bereits entschieden hat, wie ich meine Trommelschlägel führen werde. Wenn Menschen von diesen Rhythmen und Trommelklängen ergriffen sind, dann liegt dies nicht an der Virtuosität, sondern an dem Zustand, der sich auf die Hörenden überträgt. Auch der Hörende spürt den großen Raum innerer Stille inmitten intensivster rhythmischer Bewegung.

Innere Stille schafft einen Raum. Wenn wir den Kontakt zu diesem Raum verlieren, verlieren wir uns in den sich ständig wiederholenden Gedankenketten. Und wenn wir uns in diesen verlieren, verlieren wir uns im Getriebe der Welt. Dann befinden wir uns in einem Wildwasser, ohne jeglichen Halt – hin und her gerissen von dieser Begierde, jener Abneigung oder einer Kaskade blitzschnell ablaufender Gedankensprünge. TaKeTiNa kann helfen, diesen Raum der Stille bewusst zu öffnen, gleichgültig ob das Leben gerade bewegt oder ruhig, chaotisch oder geordnet ist.

Transformation hat auch mit Leiden zu tun.

Transformation hat nicht immer mit Leiden zu tun. Schon Buddha versuchte uns zu vermitteln: Es gibt einen Weg aus dem Kreislauf von Leiden und Lust. Einerseits scheint es so zu sein, dass Leiden – seelisches oder körperliches – in der menschlichen Entwicklung eine wichtige Rolle spielt. Es ist ein Antrieb, der uns zwingt, neue Strategien zu finden. Es ermöglicht uns daher zu wachsen und motiviert unser Mitgefühl. Andererseits kann man im Leiden auch stecken bleiben. Es kann sozusagen chronisch werden und dann verliert es die Kraft, uns bei der Entwicklung zu helfen.

Aus dieser Sicht kann man verstehen, dass es auch einen Punkt gibt, an dem Leiden überflüssig wird. Das bedeutet natürlich, dass sich unser Wertmaßstab gegenüber dem „Leiden" ändert – nicht, dass uns kein Leiden mehr zustoßen könnte. Jederzeit kann uns ein nahestehender Mensch genommen werden, jederzeit kann uns ein Unglück oder eine Naturkatastrophe zum Krüppel machen. Das Thema, das die Polarität Leiden und Freude eröffnet, führt wieder zu einem Lernprozess. In ihm können wir mit der Zeit von äußeren Umständen weitgehend unabhängig werden.

TaKeTiNa kann in unterschiedliche Tiefen führen, es kommt drauf an, wie man es nutzt. Wenn man das Potenzial von TaKeTiNa wirklich auslotet, führt es letztendlich zu einer tiefen Freundschaft mit dem Hier und Jetzt – gleichgültig wie dies gerade aussieht. Das wiederum öffnet ein Tor, das uns aus dem sich endlos wiederholenden Kreislauf von Freuden und Leiden heraustreten lässt.

3.10 Neue Formen des Lernens – Auswege aus der Bildungskrise

„Wenn man TaKeTiNa an allgemeinbildende Schulen bringen will,
muss es dort auch relevante und tiefe Prozesse auslösen können.
Dafür braucht es den Mut, neue Wege zu gehen und alte Formate zu hinterfragen."

Könnte die Pädagogik, die hinter TaKeTiNa steht, einen Ausweg aus der Bildungskrise weisen?

TaKeTiNa arbeitet mit Prinzipien, die die übliche Pädagogik noch nicht anwenden. In ihnen geht musikalisches Lernen unmittelbar eine Verbindung zum täglichen Leben ein, eine Verbindung, nach der sich junge Menschen in der Regel sehnen. Das folgende Beispiel kann das vielleicht illustrieren: Wenn jemand eine mathematische Formel lernen muss, ohne dass er erkennen kann, wie diese ihm im Leben hilft, wird er dieses Lernen als langweilig empfinden. Wenn es mir jedoch gelingt, mathematische Gesetze als Naturgesetze darzustellen, die auch im täglichen Leben wirken, und diese dann auch noch körperlich umsetzen und erleben lasse, entsteht Inspiration.

Ein Fehler der heutigen Pädagogik ist die zwanghafte Motivationssuche. Es braucht Inspiration, nicht Motivation. Effektiver Unterricht muss nicht notwendigerweise immer „spannend" sein und stets etwas Neues bringen, er sollte aber den kreativen Geist des Lernenden öffnen. Ein Beispiel dazu: Der Lehrer erklärt die Prinzipien einer bestimmten mathematischen Rechnungsart. Dann teilt er die Klasse in zwei Hälften und lässt sie diese Prinzipien diskutieren, mit der Vorgabe, dass jede Partei Aufgaben zu entwickeln hat, die dann die jeweils andere Partei als Hausaufgabe lösen soll. Der Lehrer gibt nicht vor, er lässt finden und schafft ein Feld, in dem etwas gefunden werden kann. Das ist TaKeTiNa, angewandt auf Mathematik.

Aus Inspiration entstehen Resultate und daraus wird Erfolg. Doch Begeisterung und Inspiration lassen sich nicht nur über den Geist herstellen. Es braucht dazu die Verbindung von Körper und Geist, Emotio und Ratio, Bewusstsein und Unbewusstem. Daraus kann eine kreative Lernumgebung entstehen.

Zugleich wäre es Unfug, als Ausweg aus der Bildungskrise lediglich das Anwenden von TaKeTiNa-Prinzipien• anzubieten. Die Problematik, aus der die heutige Bildungskrise gewachsen ist, ist wesentlich umfassender. Sie zu lösen setzt voraus, dass wir einerseits bereit sind, notwendige Veränderungen im Schulalltag vorzunehmen. Zugleich sollten wir uns für neue Wege öffnen, die insgesamt ein anderes Verständnis vom Lernprozess entstehen lassen.

Leider sucht man stattdessen lieber nach „Schuldigen" – und dafür sind Lehrer zunächst einmal ein bequemes Ziel. Diese jedoch als Sündenböcke anzuprangern ist kontraproduktiv, weil das wesentliche Problem dabei übersehen wird. Sinnvolle Pädagogik kann nämlich nur in einem Netzwerk zwischen Eltern, Schule, Wirtschaft und Politik funktionieren. Manche Lehrer mögen unzureichend ausgebildet sein –

doch was ist mit den Eltern? Wie soll ein Lehrer Kinder motivieren, die Geheimnisse des Lebens zu erforschen, und ihnen die dafür notwendigen Fähigkeiten beibringen, wenn die Eltern ihre Kinder bis zur Schule aus Bequemlichkeitsgründen stundenlang vor dem Fernseher oder hinter einer Spielkonsole „geparkt“ haben? Wenn sie ihnen entweder fast alles erlaubt oder fast alles verboten haben? Wenn sie aus Bequemlichkeit, Elternstolz oder aus einer falsch verstandenen Form der Gleichberechtigung nicht wagen, ihren Kindern Grenzen zu setzen, auch dann nicht, wenn diese bereits deutlich danach schreien.

Die Entwicklung eines Menschen beginnt nicht erst in der Schule; die wichtigsten Weichenstellungen passieren in der frühen Kindheit. Doch eben da werden Kinder unreflektiert mit knallbuntem Plastikspielzeug zugeschüttet, sodass sie von Anfang an überstimuliert sind und den Sinn für sensible Zwischentöne niemals kennenlernen. In jeder freien Minute werden sie Erlebnis-Events ausgesetzt und animiert, auszuagieren. Wenn die Kinder dann – als natürliche Reaktion – überaktiv, nervös und konzentrationsunfähig werden, bekommen sie einfach Pillen. Ohnehin schon übergewichtige Kinder ernähren sich regelmäßig im Fast-Food-Restaurant, ohne dass die Verantwortlichen über die Konsequenzen nachdenken.

Wirkliche Pädagogik kann nur in einem Netzwerk entstehen, in dem auch die Wirtschaft und die Politik ihre Verantwortung übernehmen – jedoch nicht einfach nur in Form eines finanziellen „Kinderbonus“, sondern mit Regulierungen. So wie heute hierzulande keine krebserregenden Pestizide mehr hergestellt werden dürfen, könnte man auch Spielehersteller und Fast-Food-Restaurants in die Verantwortung nehmen. Kinder werden nicht mit einem natürlichen Verlangen nach Pommes, Cola und Spielkonsolen geboren. Diese „Bedürfnisse“ werden ihnen und ihren Eltern vielmehr durch aufwendige und hochpreisige PR-Kampagnen beigebracht. Doch bei allen Beteiligten bräuchte es die Öffnung des Bewusstseins, dass nicht alles, was Arbeitsplätze schafft und Renditen abwirft, der Welt auf Dauer guttut.

Was Lehrer selbst zum Lösen der Bildungskrise beitragen könnten – und dafür brauchen sie entsprechende Schulung –, ist eine freundliche unterstützende Lernatmosphäre, in der es eine große Fehlertoleranz gibt. Die moderne Gehirnforschung belegt, dass Wissen, das unter Stress, Angst, oder Druck erworben wird, kaum weiterverarbeitet werden kann, da beim Wiedererinnern eben dies Gefühle wieder mit aufsteigen. Ich spreche hier also von einem Lehrer, der „Mentor“ ist und dem es ein Anliegen ist, seine Schüler wachsen zu sehen.

Um solche Änderungen umzusetzen, braucht es Mut und viel Arbeit. Von den meisten heutigen Politikern weiß man leider aus Erfahrung, dass Mut und Umsetzungswille nicht gerade zu deren Kernkompetenzen zählen, auch wenn man meiner Meinung nach immer offen bleiben sollte, dass sich das in Zukunft ändert. Doch solange es noch nicht im größeren Umfang der Realität entspricht, werden Neuerungen und Veränderungen zunächst wohl von einigen wenigen Vorreitern getragen werden, denen die Weiterentwicklung unserer Jugend und unserer Gesellschaft am Herzen liegt.

Alle Verantwortlichen – und dazu gehören auch die Eltern – sollten sich über den Preis klar werden, der zu zahlen ist, wenn sich das, was heute überwiegend zu Hause und in Schulen gelebt wird, nicht ändert: Gewalt, Desinteresse am Lernen, verzweifelte Lehrer, rabiate, überaktive, konzentrationsgestörte oder depressive Kinder und eine Gesellschaft, die langsam auseinanderbricht.

Wie sieht das praktisch aus: TaKeTiNa in Schulen, Universitäten oder in der Berufsausbildung?

TaKeTiNa könnte in allgemeinbildenden Schulen unterrichtsbegleitend dafür sorgen, dass Kinder und Jugendliche eine höhere Konzentrationsfähigkeit, ein besser ausgebildetes Sozialempfinden, eine höhere Sensibilität und eine gut entwickelte Kreativität erlangen. Das wären grundlegende Eckpfeiler, die ein besseres Klima schaffen: respektvollen Umgang untereinander, emotionale Entspannung zu Hause und in der Schule, Neugierde beim Lernen. Wie gesagt – dies kann nicht funktionieren, ohne dass Eltern dabei mitarbeiten, und ich habe viele Male bereits von Eltern, die TaKeTiNa praktizieren, zu hören bekommen, dass sie dadurch besser mit ihren Kindern kommunizieren konnten.

Zugleich müsste sicherlich auch der Unterricht selbst modifiziert werden. Wie viel Stoff hat jeder von uns in der Schule lernen müssen, den keiner je mehr brauchte? So etwas wirkt demotivierend. Ein möglicher Schritt wäre es, in vielen Fächern körperliche Bewegung mit einzubeziehen. Es ist heute erwiesen, dass sich Vokabeln besser in Bewegung oder liegend in der Entspannung lernen lassen. Wenn „Superlearning"-Programme damit viel Geld machen können, warum bietet man das dann nicht in der Schule an? Der Geist lernt schneller, wenn Körper und Rhythmus mit einbezogen sind. Ich finde es erstaunlich, dass angesichts der Krise, die sich in den Schulen abzeichnet, keiner der Verantwortlichen über solche Ansätze nachdenkt. Es gibt ja auch sonst viele hervorragende Arbeiten, die in die Pädagogik einfließen könnten. Wie weit muss es kommen, dass die Verantwortlichen motiviert werden, einen nächsten Schritt zu machen?

Musikuniversitäten arbeiten heute schon mit der TaKeTiNa-Rhythmuspädagogik und die überwiegende Mehrzahl hat damit viel Erfolg, denn vom ganzheitlichen Ansatz des TaKeTiNa-Prozesses profitieren alle Fachrichtungen: Dirigieren, Rhythmik, Konzert- und Pädagogikfächer.

4. TaKeTiNa für die musikalische Praxis

4.1 Aktives Musizieren

„Jeder Mensch trägt rhythmisches Urwissen in sich – um dieses zu erwecken, braucht es keine Begabung."

Viele Menschen hören heute unterwegs und zu Hause von klein auf immer und überall Musik. Bedeutet das, dass die Menschen musikalischer sind als früher?

Ich glaube eher, dass diese Entwicklung zum Gegenteil führt: Die Menschen werden immer mehr zu passiven Konsumenten. Die ständige Überflutung mit Reizen führt außerdem zu einer zunehmenden Desensibilisierung. Noch gravierender erscheint mir jedoch, dass in dieser Entwicklung eine wichtige Erfahrung – das aktive Musizieren – immer weiter in den Hintergrund rückt. Das Miteinander-Musizieren ist ja ebenso wichtig wie das Miteinander-Reden – wahrscheinlich aber ist es noch essenzieller, da das Miteinander-Musizieren eine Begegnung auf einer wesentlich tieferen zwischenmenschlichen Ebene bedeutet.

Natürlich hat nicht jeder Mensch die Zeit, selbst ein Instrument zu lernen, und genau in diesem Bereich kann der TaKeTiNa-Prozess eine Brücke sein: Er bietet Menschen die Möglichkeit, gemeinsam mit anderen anspruchsvolle Musik zu machen, ohne ein Instrument lernen zu müssen. Es ist beeindruckend zu sehen, wie durstig Menschen nach solchen musikalischen Gemeinschaftserlebnissen sind.

Aber nochmals zurück zu der ständigen Musikberieselung: Dass viele Menschen nur noch mit einem MP3-Spieler aus dem Haus gehen und sich selbst ständig mit Musik berieseln, scheint mir ein Resultat dessen zu sein, dass wir bereits über viele Jahrzehnte von außen ständig mit jedweder „Musik" berieselt wurden. Im Kaufhaus, im Aufzug, im Restaurant, ja selbst auf der Toilette „dudelt" irgendeine Klangkulisse auf uns ein. Und in vielen Familien wurde das unbewusst übernommen: Wenn schon nicht der Radiowecker den Tag einläutet, ist für viele die erste Handlung, das Radio aufzudrehen. Was das jedoch für ein Kind oder einen heranwachsenden Jugendlichen bedeutet, darüber macht sich kaum jemand Gedanken. Wie soll ein Jugendlicher innere Stille finden können, wenn es außen niemals still ist? Wie will denn jemand fokussiert und frisch den Tag beginnen, wenn bereits Dutzende völlig belangloser Nachrichten und Werbespots das Gehirn zumüllen?

Musikhören ist eine wunderbare Sache – wenn Sie bewusst praktiziert wird. Wenn eine Geräuschkulisse aus Radio und Fernseher jedoch zum Dauerzustand wird, geht eine wesentliche Fähigkeit verloren: das Nach-innen-Hören, das In-die-Stille-Lauschen. Dorthin will Musik uns führen. Lauschen führt in jenen großen leeren Raum in uns, in dem die Töne ihre Resonanz haben. „Lausche auf das, was du nicht spielst" (Ustad Mohamed Khan) – „Lausche hinter das Rauschen des Wasserfalls" (Sun Ra) – unzählige große Meister weisen uns den Weg zu jenem Raum, in dem Musik klingen kann.

Ist eine rhythmisch-musikalische Begabung für das Lernen von Rhythmus notwendig?

Wenn man Menschen darauf anspricht, warum sie denn nicht miteinander musizieren, hört man meistens: „Dazu fehlt mir die Begabung." Das ist verständlich, denn heute kennt jeder die besten Platteneinspielungen jeglicher Musikart und unbewusst wird dies zum Maßstab. Um diesem auch nur einigermaßen nahezukommen, braucht es nicht nur Talent, sondern vor allem auch viel Zeit und Bereitschaft zu üben. Wo also liegt eine denkbare Lösung?

Eine mögliche Antwort ist das regelmäßige Treffen zur Hausmusik, in der sich jeder so einbringt, wie er kann. Das Wesentliche dabei sind ja nicht die musikalische Perfektion und Höchstleistung, sondern das gemeinsame Spielen und die dabei entstehende Verbindung zwischen den Spielenden. Eine andere Antwort, welche die Zwickmühle zwischen fehlendem Talent und Zeitmangel einerseits und dem Wunsch, Musik aktiv mit anderen erleben zu wollen, andererseits auflösen kann, ist das Praktizieren von TaKeTiNa, denn dabei erwacht das rhythmische Urwissen, das jeder in sich trägt. Und um dieses zu wecken, braucht es weder eine besondere Begabung noch das Lernen eines Instrumentes. Auf diesem Weg lassen sich auch Trommeln und Perkussionsinstrumente mit einbeziehen. Das geht deswegen, weil stets Stimme, Trommeln und Schritte vielschichtig aufeinander wirken. Jede einzelne Ebene kann einfach sein und ist daher auch für Laien realisierbar. Im Zusammenklang aller Ebenen jedoch beginnt anspruchsvolle Musik zu klingen. Sie ist gleichermaßen elementar wie komplex. Damit ist diese Musik ein Spiegel des Lebens – auch dieses ist gleichermaßen elementar wie komplex.

Immer noch haben viele Menschen Scheu, Trommel zu lernen. Viele tragen Vorurteile in sich: „Trommeln sind laut", „Trommeln sind primitiv".

Wahrscheinlich kommen solche Vorurteile über Trommeln aus der Beziehung, die sich in der Geschichte des Abendlandes entwickelt hat. Trommeln dienten während der Kreuzzüge ja auch dazu, dem Gegner Angst einzuflößen. Auf diese Art und Weise kamen im 13. Jahrhundert die ersten Pauken mit Kreuzrittern und Sarazenen• von Arabien nach Süd- und Westeuropa. Zur gleichen Zeit aber kultivierten indische Musiker das hoch differenzierte Spiel an der „Pakhawaj•-, Mridangam•- und Tabla•-Trommel.

Den Menschen des Abendlandes begegneten Trommeln meistens als laute Instrumente und die Kirche fügte noch Attribute wie „primitiv" und „kindisch" hinzu. Ja selbst heute lebt diese Tradition noch. Wenn Leute demonstrieren, nehmen sie die

Trommeln mit, denn damit können sie sich akustisch besser durchsetzen. Auch damit wird das Vorurteil genährt: „Trommeln machen Krach." Zugleich aber gibt es auch eine gegenläufige Bewegung. Seit den 1970er-Jahren werden immer mehr Konzerte mit ausgezeichneten Trommelmeistern aller Kulturkreise angeboten – und die meisten davon sind ausverkauft. In ihnen haben kulturinteressierte Menschen direkt erfahren, wie riesig das Klangspektrum von Trommeln sein kann, und sie haben staunend miterlebt, dass die Rhythmen vieler Trommelensembles ebenso vielschichtig und reich sein können wie Fugen von J.S. Bach.

Auf aktives Musizieren angesprochen, sagen manche: „Ich kann ja noch nicht einmal Noten lesen!" In der gängigen Musikpädagogik ist Notenlesen in der Tat wesentlich. TaKeTiNa kann da offensichtlich einen anderen Weg anbieten.

Als ich als ausgebildeter Pianist in Indien Tabla• spielen lernte, war ich schockiert, dass mir mein Lehrer verbot, die Rhythmen, die er mir zeigte, aufzuschreiben. Meine erste Reaktion darauf war gleichermaßen überheblich wie ignorant: Ich schloss daraus, dass es in klassisch indischer Musik keine Notenschrift gab. Beschämt musste ich später erkennen, dass das indische Tala•-System nicht nur eines der komplexesten Rhythmussysteme der Welt ist, sondern auch eine sehr präzise – wenn auch andersartige – Notation kennt. Dreht man das europäische System musikalischen Lernens um, erkennt man den Lerneffekt: Anstatt von den Noten zur Musik zu gehen, lernt man äußerst umfangreiche Rhythmusabläufe memorieren, ohne diese aufzuschreiben. In fast allen Rhythmustraditionen notieren die Lernenden die Rhythmen erst, wenn sie memoriert und verinnerlicht sind, und dafür ist die Pulsationsnotation• wesentlich geeigneter als europäische Mensuralnotation•.

Die Pulsationsnotation besteht aus einem Raster, in dem für jeden Unterteilungspuls ein „Kästchen" steht. In dieses wird entweder das Symbol für einen Trommelklang gesetzt oder aber es bleibt leer. Diese Notation ist effektiv, wenn es um Rhythmusstrukturen, nicht aber um die Tondauer geht. Da man Töne auf einer Trommel – anders als bei der Orgel oder der Geige – nicht beliebig lange klingen lassen kann, existiert diese Notationsart vor allem in Kulturen mit reicher Rhythmustradition. Es ist die Notation, die ich auch in Trommel- und Perkussionstrainings verwende, denn sie wird von Laien und Profis gleichermaßen verstanden.

Das Prinzip des „notenfreien Lernens" hat TaKeTiNa übernommen. So ist es möglich, auch Menschen ohne Notenkenntnisse in die Tiefe musikalischer Strukturen zu führen. Mein letztes Buch „Rhythm for Evolution" wurde mit der Comenius-Medaille ausgezeichnet, weil es ohne Hilfe einer einzigen Note die ganze Welt komplexer Rhythmen vermittelt.

Für einen Musiker ist es durchaus sinnvoll, Noten lesen zu können. Einen Laien aber hält die vermeintliche Barriere der „kryptischen" Notenschrift manchmal davon ab, aktiv ins Musizieren zu kommen. Ein Weg, der ohne Notation auskommt, ist effektiv und zugleich ein Lernprozess, in dem sich das musikalische Gedächtnis enorm schnell entwickeln kann.

In vielen Bereichen haben Rhythmus-Maschinen heute den Schlagzeuger ersetzt. Eigentlich liegt es nahe, bei Technomusik, bei der der Beat lange Zeit gleich bleibt, Rhythmus-Maschinen einzusetzen.

Techno spricht mit seinen langen Rhythmuspassagen eben jene jungen Menschen an, die die Sehnsucht verspüren, sich Rhythmus und Tanz hinzugeben. Das Problematische dabei ist, dass dem Maschinen-Beat lebendiges Fluktuieren• fehlt. Damit steht er in einem eigenartigen Kontrast zu den natürlich fluktuierenden Rhythmen unseres Körpers und der Natur. Würde der Herzschlag die Qualitäten eines Techno-Beats annehmen, hätten wir nicht mehr lang zu leben. Nachdem der Herzschlag ein Leben lang „ungenau" pulsiert hat, wird er acht Stunden vor dem natürlichen Tod eines Menschen starr und rigide wie der Techno-Beat.

In den 1980er-Jahren hatte ich mit Dr. Hans-Peter Koepchen im Rahmen der „Gesellschaft für Musik in Medizin"• die Wirkung des Techno-Beats auf Menschen untersucht. Dabei stellten wir fest, dass immer dann, wenn der Techno-Beat in einem Vielfachen zum Herzschlag stand, die Probanden einen – wie sie das beschrieben – „Kick" erlebten. Wir stellten fest, dass von Maschinen-Beats andere Wirkungen ausgehen als von fluktuierenden Rhythmen. Man könnte diese mit den Worten „Sog", „Starrheit" und „Eingesperrt-Sein" beschreiben. Zwischen dem Maschinen-Beat und den Tänzern gibt es keinerlei gegenseitige Beeinflussung. Der Tänzer kann sich nur nach dem bewegen, was ihm vorgegeben ist. Er ist eingesperrt im Raster des Maschinen-Beats. Je länger wir uns mit den Forschungsarbeiten befassten, umso intensiver beschäftigten mich die Themen: Freiheit versus Eingesperrt-Sein, Synchronisation versus Sog, In-Sich-Ruhen versus Getrieben-Sein.

Heißt das, dass Maschinen-Beats einen schädlichen Einfluss haben können?

Schädlich für die Entwicklung rhythmischer Sensibilität? Könnte sein! Schädlich für den Körper? Sicherlich nicht, da sich ja niemand so lange Zeit diesen Rhythmen aussetzt. Interessant ist jedenfalls, dass im Kardiogramm der Probanden nach zweistündigem Tanz zu lautem Maschinen-Beat Stresssymptome zu sehen waren.

Dennoch muss man das alles in einem Gesamtkontext sehen. Techno als gefährlich zu bezeichnen wäre absurd. Ja, es kann ja sogar sein, dass jemand über Techno die Faszination für Rhythmus entdeckt. In diesem Fall hätte Techno eine wichtige Rolle erfüllt: die eines Toröffners.

4.2 Körperwissen als Grundlage

„Trägt der Rhythmus, den ich spiele? Pulsiert er? Nimmt er mein Publikum mit?"

TaKeTiNa führt den Lernenden direkt zur körperlichen Erfahrung von Rhythmusarchetypen. Das ist ein Begriff, unter dem sich viele zunächst nichts Konkretes vorstellen können.

Rhythmusarchetypen• sind im Bewusstsein angelegte „rhythmische Urbilder". Es handelt sich um ein genetisch angelegtes Wissen, in dem die rhythmischen Ur-Bewegungen Puls•, Zyklus und Unterteilungspuls• gespeichert sind. Diese drei Bewegungen sowie ihre Verbindung findet man in allen Bereichen des Lebens, sie durchdringen alles Lebendige.

Rhythmische Urbilder sind in jedem Menschen angelegt. Um sie erkennen und erfahren zu können, braucht es die Stimulierung von außen wie der Samen einer Pflanze: Wenn er keine Nahrung bekommt, bleibt er ein Samen. Wenn er hingegen in fruchtbare Erde eingebracht und regelmäßig bewässert wird, so wächst aus ihm eine Pflanze.

Rhythmusarchetypen sind die elementarsten Bausteine, auf denen die Rhythmen aller Kulturkreise aufbauen. TaKeTiNa vermittelt dem Lernenden nicht beliebige Rhythmus-Pattern, sondern führt ihn direkt zu den Wurzeln von Rhythmus. Das Lernen mit rhythmischen Urbildern hat auch den Vorteil, dass jeder entdecken kann: „Das, was ich da lerne, kenne ich, das lebt in mir." Es ist faszinierend, weil es auf existierendes inneres Wissen zurückgreift.

Vielen Musikern ist es wichtig, die Kunst des Improvisierens zu erlernen. Welche Wege bietet TaKeTiNa dafür an und welche Rolle spielt der Körper dabei?

Das Faszinierende an der Improvisation ist das Zusammenwirken von Form und Freiheit, von Vorhersehbarem und Spontanem. Um sich in allen Rhythmen improvisatorisch frei bewegen zu können, braucht ein Musiker drei Grundinformationen: das Spüren des Grundpulses•, das Erfassen der Bewegung in den Zwischenräumen und die Wahrnehmung, welche Form und Ausdehnung der Zyklus hat. Natürlich muss er sein Instrument technisch einwandfrei spielen können.

Gehen wir einmal vom Improvisieren an einer Trommel aus. Hier ist das Spüren des rhythmischen Raumes Voraussetzung dafür, dass die Improvisation gelingt. Dieser Raum umfasst eine bestimmte Anzahl von Pulsen•, deren Abfolge einem Musiker beim Improvisieren die notwendige Orientierung gibt. Wenn er diese Abfolge als innere Bewegung spüren kann, vermag er sich im rhythmischen Raum frei zu bewegen – und das, ohne dabei zählen zu müssen. Je klarer jemand den Ablauf und die Wiederkehr der Pulse spürt, desto besser kann er sich improvisatorisch bewegen und mit der rhythmischen Grundstruktur in Spannung gehen, ohne diese zu verlieren.

Im TaKeTiNa-Prozess entwickelt sich diese Fähigkeit, weil Körperbewegungen innere Bewegungen stimulieren. Eine Schrittfolge macht den rhythmischen Raum physisch erfahrbar. Die rhythmisch gleichbleibende Gewichtsverlagerung schaltet das Gleichgewichtsorgan mit Sensorik und Motorik zu einem Regelsystem zusammen. Die Folge ist, dass Schrittmuster, gleichgültig wie komplex sie sind, mit der Zeit autonom zu laufen beginnen. Der Lernende kann der Bewegung zusehen, ohne über sie nachdenken zu müssen.

Wenn solche autonomen Schrittbewegungen am Ende des Prozesses immer kleiner werden, gehen sie direkt in innere Bewegungen über. Durch diese ist der rhythmische Raum auch dann noch spürbar, wenn die äußere Bewegung schon zur Ruhe gekommen ist. Genau das braucht man, wenn man über einen Rhythmus improvisieren soll: das Spüren der inneren Bewegung, die eine untrügliche Orientierung gibt. Wo immer man beim Improvisieren die Akzente setzt – die innere Bewegung soll dabei ungehindert weiterfließen. Mit diesem Lernprozess kann ein Musiker auch in relativ kurzer Zeit lernen, sich in komplexen Rhythmusstrukturen frei zu bewegen.

In vielen Trommelkursen jedoch lernt man sitzend.

Grundsätzlich ist es nicht verkehrt, Trommeln sitzend zu lernen. Entscheidend ist: Wer lernt da und was soll sich entwickeln? Die Umstände und die Lernmethoden müssen also an die rhythmische Entwicklung eines Menschen angepasst werden.

Es kann durchaus sinnvoll sein, mit einer Gruppe fortgeschrittener Conga-Spieler im Sitzen zu arbeiten, da diese ja die grundlegenden Rhythmusinformationen bereits verinnerlicht haben. Für Anfänger hingegen ist Sitzen kontraproduktiv. Es ist ein physiologisch verkehrter Ansatz, auf das Verankern des rhythmischen Fundaments durch Schritte zu verzichten. Armbewegungen können niemals im gleichen Maße jene profunde rhythmische Orientierung geben, wie es die Schritte vermögen.

Dafür gibt es zwei Gründe: Einerseits entsteht im Zusammenwirken zwischen Gleichgewichtsorgan, Sensorik und Motorik eine im Körper verankerte Orientierung. Puls• und Zyklus werden durch die Schritte zur spürbaren Realität und man merkt in jedem Moment, ob die Schritte noch mit diesem rhythmischen Urgrund verbunden sind. „Ich bin drin", „Ich bin draußen" – das wird durch die Schrittfolgen spürbar, die ein wertvolles Feedback sind, das der Körper gibt. Andererseits ist der Modus der autonomen Bewegung in den Schritten tief verankert. Wann immer wir gehen, befinden wir uns im Fluss einer autonomen Bewegung, die wir als Kind gelernt haben, über die wir nicht mehr nachdenken müssen.

Jeder, der mit TaKeTiNa Trommeln lernt, hat die Möglichkeit, drei Rhythmus-Ebenen zugleich zu erleben: die Schritte, die die rhythmischen Grundinformationen geben, die Hände, die auf der Trommel Rhythmen spielen, und die Stimme, die entweder verbindend zwischen Schritten und Händen wirken kann oder aber auch als dritte Rhythmusebene sich frei entfalten kann.

Zudem ist entscheidend, sich die Frage zu stellen: Womit beginne ich den Unterricht? So wie sich ein Baum von den Wurzeln zu der Vielfalt der Äste, Zweige und Blätter entwickelt, sollte auch der Trommelunterricht bei den Wurzeln, bei den elementaren Rhythmus-Bausteinen beginnen. Auch hier kommt uns die Gleichzeitigkeit der drei Körperebenen – Schritte, Hände und Stimme – zugute: Durch sie entsteht eine interessante Vielschichtigkeit, Komplexität und Fülle, auch wenn das Trommeln noch elementar ist. Das wiederum weckt Staunen – eine weitere Antriebskraft beim Lernen.

Du leitest seit Jahrzehnten Trommel- und Percussion-Ausbildungen und hattest Einfluss auf viele Schlagzeuger, Trommler und Perkussionisten. Ist auch diese Art des Lernens von TaKeTiNa geprägt?

Diese Ausbildungen sind TaKeTiNa-Prozesse, in denen das Lernen einer Trommel integriert ist. Die Verbindung zwischen der rhythmischen Stimme und einer Trommel ist nichts Neues. Fast jede Kultur hat eine Form der Rhythmus- oder Trommelsprache entwickelt, weil sich Rhythmen so eben am effizientesten lernen und memorieren lassen. Ebenso verhält es sich mit dem Singen: Wo auf der Welt gibt es Trommeln ohne Gesang?

Neu an dieser Form, eine Trommel zu lernen, ist das permanente Einbeziehen von drei parallel ablaufenden Rhythmusebenen: Die *Schritte*, die die Lernenden beim Trommeln setzen, verkörperlichen und verinnerlichen die unhörbaren Informationen, auf die ein Trommelrhythmus aufbaut – Puls• und Zyklus. Durch die Schritte hat der Lernende einen effektiven Anker: Er merkt, wann er im Rhythmus ist und wann er ihn verloren hat.

In den *Händen* entwickelt sich die im TaKeTiNa-Prozess angewendete einfache Bewegung des Klatschens zu komplexeren Bewegungsabläufen weiter. Um einer Trommel differenzierte Klänge entlocken zu können, muss die Feinmotorik einen Entwicklungsschritt machen, und je weiter sich die Vielfalt der Klänge steigert, umso komplexer werden diese motorischen Abläufe. Im normalen Trommelunterricht führt dies oft zu einer Zwickmühle, denn es braucht viel Zeit, bis sich ein gut klingender „Open"-, „Slap"- oder „Bass"-Schlag an der Conga entwickelt. An Rahmentrommeln• oder an der indischen Tabla• sind die Bewegungsabläufe noch komplexer. Doch auch für einen Anfänger wird es schnell langweilig, Schlagkombinationen ohne den Kontext weiterer Ebenen über lange Zeit zu wiederholen. Der Lernende drängt also zum Spielen neuer Rhythmen und der Lehrer lässt sich in der Regel davon mitreißen. Das Resultat davon ist jedoch, dass Spielbewegungen ungenau bleiben und dadurch auch die Klänge unklar, hart oder energielos klingen. Beim Lernen mit Schritten, Händen und mit der Stimme stehen stets drei Ausdrucks-Ebenen zur Verfügung, die Motorik der Hände kann daher über lange Zeit bei einem einfachen Ablauf bleiben, ohne dass es langweilig wird.

Aus meiner Erfahrung basiert das Spielen einer Trommel auf der Übertragung von Energie auf das Instrument. Energie zu übertragen ist wesentlich interessanter, als eine

„Schlagtechnik" zu lernen. Wenn die Energieübertragung stimmt, entsteht auch beim lautesten Spielen keine Hornhaut an den Fingern und es gibt keine schmerzenden Hände. Ich finde es paradox, wenn Trommeln mit Schmerzen verbunden ist.

Ich musste als Pianist immer genau darauf achten, dass meine Finger beim Trommeln so flexibel und unversehrt bleiben, wie ich sie als Pianist brauche. Das hat mich von Anfang an auf die richtige Spur geführt. Energetisches Trommeln ist niemals ermüdend und fühlt sich physisch immer gut an.

4.3 Autonome Bewegung als tragende Kraft

„Eine autonome Bewegung trägt mich. Es ist eine Bewegung,
über die ich nicht nachdenken muss und um die ich nicht mehr ringen muss.
Autonome Bewegungen sind die Grundlage profunder rhythmischer Orientierung."

Die Gleichzeitigkeit unterschiedlicher Rhythmen führt Menschen in autonome Bewegungen. Geben die Menschen dabei ihre Kontrolle auf?

Die Gleichzeitigkeit unterschiedlicher Bewegungen führt die Teilnehmer von willentlichen in autonome Bewegungen und ermöglicht ihnen, sich von rein aktivem Handeln und von willentlicher Kontrolle zu lösen. Eine natürliche Kontrolle bleibt bestehen – nämlich darüber, in welcher Art und Weise man am Prozess teilnehmen möchte. Die zwanghafte Kontrolle jedoch, die einen sowohl im Leben wie auch im Rhythmus ermüdet, löst sich auf. Der TaKeTiNa-Prozess beginnt mit dem Sprechen von Silben, die sich mit einer einfachen Schrittfolge verbinden. Dem kann auch jemand folgen, der noch nie zuvor autonome Bewegungen bewusst erlebt hat.

Damit aus willentlich gesteuerten Bewegungen autonome Bewegungen werden, braucht es Wiederholung und Vielschichtigkeit. Beides eröffnet sich dem Lernenden bereits mit dem Klatschrhythmus. Das Klatschen fällt einerseits mit einer Silbe des Sprachrhythmus zusammen, liegt andererseits jedoch irgendwo im Zwischenraum, zwischen den Schritten. Dadurch ist es einerseits erfassbar, jedoch nicht machbar. Es genügt nicht zu wissen, dass das Klatschen beispielsweise auf der Silbe La oder Ma liegt, es will gefühlt sein, sonst kommen die Rhythmen durcheinander. Nur mit Hören und Spüren lässt sich der Klatschrhythmus erfassen, nicht aber durch Denken.

Das Lauschen ist der Beginn: Man hört seinem Stimmrhythmus zu und betont eine bestimmte Silbe. Wenn dies den Schrittrhythmus nicht mehr behindert, kann man diese Betonung mit einer Armbewegung verbinden. Dadurch bekommt sie mehr Gewicht, sie wird deutlicher spürbar. Da es unmöglich ist, sowohl Schritt- wie auch Klatschrhythmus rein willentlich zu steuern, muss der Schrittrhythmus zu einer autonomen Bewegung werden. Dafür gibt es zwei Möglichkeiten: Entweder die Autonomie stellt sich von selbst ein – dann wird das Getragen-Sein im Rhythmus sofort spürbar und es können weitere Klatschelemente dazukommen. Oder aber die Schritte bleiben willentlich kontrolliert und der Lernende fällt dadurch aus dem Rhythmus, sobald er probiert, den Klatschrhythmus dazuzunehmen. Das Effektive dabei ist, dass sowohl „In-den-Rhythmus-Fallen" wie auch „Aus-dem-Rhythmus-Fallen" einen fördernden Effekt haben. Das Aus-dem-Rhythmus-Fallen ermöglicht dem Lernenden, wieder zum Rhythmus zurückzufinden, und im Zurückfinden bekommt er ein tieferes, stabileres Verhältnis zum Grundrhythmus.

Irgendwann jedoch kommt für jeden der „springende Punkt", an dem er zunächst aus dem Rhythmus fällt, doch während er den Rhythmus gerade wieder aufbauen will, merkt er, dass er bereits wieder im Rhythmus ist. Nicht er findet den Rhythmus, sondern der Rhythmus findet ihn – ES hat ihn zurückgeführt, das Tor zur „ES"-Erfahrung hat sich geöffnet: ES pulsiert, ES trägt, ES geht – wie von selbst.

Es scheint, als wäre diese „ES-Erfahrung" eine Grundlage für das Wahrnehmen des stillen Pulses und für das Spüren des rhythmischen Fundamentes.

Ja, so ist das auch. Eine autonome körperliche Bewegung wird zu einer autonomen inneren Bewegung. Das heißt, nicht ich bewege, es bewegt sich und wenn „es" sich von selbst bewegt, spüre ich diese Bewegung auch im Sitzen, Stehen oder in freier Bewegung. Auf diese Art und Weise kann ich die unhörbare Struktur eines sieben-, neun- oder elfschlägigen Rhythmus spüren. Das ist die Grundlage jeder rhythmischen Improvisation. Ohne diese inneren Bewegungen hingegen würde ich die Orientierung verlieren und nicht mehr wissen, wo der tragende Puls• liegt.

Was ist autonom, was ist automatisch?

Automatisch ist – wie schon der Name sagt – eine Bewegung, die leblos und maschinell abläuft, eben wie ein Automat. Es gibt pathologische Störungen, bei denen jemand unbewusst mit dem Körper ständig vor- und zurückwippt. Das ist eine *automatische* Bewegung. Eine *autonome* Bewegung hingegen ist dem Bewusstsein zugänglich. Einer autonomen Bewegung kann ich zuschauen, ja ich kann sie sogar analysieren, ohne dabei aus dem Rhythmus zu fallen. Das ist auch das Kriterium dafür, ob eine Bewegung autonom ist oder nicht: Wenn sie unverändert weitergeht, während ich ihr zuschaue, ist sie autonom. Mit einer Bewegung, die autonom ist, kann ich „reiten" und mich tragen lassen wie auf einem Pferd.

4.4 Spüren lernen: Bin ich im Rhythmus oder draußen?

„Im Rhythmus sein – das ist auf diesem Planeten ein Heimatgefühl. Im Rhythmus sein – das ist eine Ur-Sehnsucht des Menschen. Ganz offensichtlich leidet ein Mensch, wenn er vom Rhythmus abgeschnitten ist. Das ist niemandem wirklich gleichgültig. Und wäre jemand in einer solchen Gleichgültigkeit angekommen, wäre er emotional auch von vielem anderen abgeschnitten."

Kann es sein, dass Menschen über lange Zeit aus dem Rhythmus sind, ohne das zu merken?

Ja, das gibt es. Die Voraussetzung, um spüren zu können, ob ich im Rhythmus bin oder nicht, ist, dass ich präsent bin und meine Antennen angeschaltet habe. TaKeTiNa kann mir helfen, diese Fähigkeiten zu entwickeln – durch das Wahrnehmen des Körpers, durch die Stimulation von Sensibilität, durch die Aufmerksamkeit auf den Bodenkontakt und den damit verbundenen Schrittrhythmus.

Jemand, dessen Präsenz, Sensibilität und Wachheit nicht geschult ist, weiß auch im täglichen Leben nicht immer, ob er – in seinen Handlungen und Gesprächen – für seine Umwelt „on" oder „off" ist. Im TaKeTiNa-Prozess kann ich lernen, wie ich mich meiner Situation entsprechend verhalte. Jemand, der sich in unwichtigen Details verzettelt und essenzielle Entscheidungen aufschiebt, wird dem auch in TaKeTiNa begegnen. In diesem Rhythmusprozess lernt jeder früher oder später wahrzunehmen, ob er gerade drinnen oder draußen ist – und das, ohne dass jemand von außen darauf hinweist.

Kann man also sagen: Aus dem Rhythmus zu sein, ohne es zu spüren, ist Ausdruck eines bestimmten Bewusstseins?

Nein, es ist ein Ausdruck fehlender Wahrnehmung – und die lässt sich verändern.

Es ist eigenartig zu erleben, dass manche gereizt reagieren, wenn sie beobachten, dass andere aus dem Rhythmus sind.

Ich glaube, dass dabei die Erinnerung wach wird, wie es ist, selbst nicht im Rhythmus sein zu können. Solche Reaktionen treten oft bei denjenigen auf, die selbst noch vor kurzer Zeit unsicher im Rhythmus waren. Meistens ärgern uns bei anderen ja genau die Verhaltensmuster, die wir selbst gerade lösen.

Es ist ein befreiendes Gefühl zu erkennen: Jeder darf Fehler machen und ich kann dem zusehen, ohne mich emotional darin zu verstricken. Aus dieser Öffnung entsteht eine respektvolle und nahe Beziehung zu Mitmenschen und aus dieser Haltung heraus kann ich anderen am besten helfen, einen Schritt zu machen.

Für den Leiter eines TaKeTiNa-Prozesses gilt das im besonderen Maße: Er sollte die Fähigkeit haben, interessant zu finden, wenn Teilnehmer manchmal auch nach längerer Zeit noch völlig aus dem Rhythmus sind. Er sollte die Qualität entwickelt haben, neugierig zu sein, anstatt sich darüber Sorgen zu machen oder sich gar zu ärgern. Führungsqualität bedeutet für mich, entspannt, neugierig und präsent dem zusehen zu können, was die Menschen gerade durchlaufen. Von dort aus ist es einfach zu spüren, wie der Prozess zu leiten ist.

Rhythmus und Singen sind die Hauptelemente im TaKeTiNa. Es scheint, dass viele Menschen Angst davor haben, in diesen Bereichen zu versagen.

Ich glaube, das ist so, weil Gesang und Rhythmus „intime" Ausdrucksformen des Menschen sind. Vor Kurzem hatte mir ein Freund, der auf einem Kreuzfahrtschiff als Musiker arbeitete, ein selbst gedrehtes Video gezeigt. Überall, wo er hinkam, bat er wildfremde Leute, ein paar Takte vor seiner Kamera zu singen. Sie konnten dabei wählen, was sie wollten, sie konnten singen, was immer ihnen einfiel. Diejenigen, die sich darauf einließen, gaben ein eindrucksvolles Zeugnis davon, wie schnell beim Singen tiefe und intimste Seiten des Mensch-Seins sichtbar und spürbar werden – und das in diesem Fall kulturübergreifend. Wenn ein Kind beim Musizieren also durch herzlose Kritik oder Urteile verletzt wird, geht das tief und schafft eine Blockade, die weitere Entwicklungen erschwert oder behindert.

Vermutlich werden unzählige Menschen in der Schulzeit in Bezug auf Singen und Rhythmus traumatisiert. Sätze wie: „Du hast einfach keinen Rhythmus" oder: „Hör auf zu singen, das klingt so falsch" können für die kreative Entwicklung eines Menschen verheerende Folgen haben. An manchen Schulen – wenn auch nur an wenigen – hat erfreulicherweise ein Umdenkprozess begonnen: Singen und Rhythmus werden zunehmend gefördert, und ich meine, dass das eine sehr gute Investition in die Kreativität der Jugend ist.

4.5 Üben – Freiraum haben und Kräfte sammeln

„Rhythmus kann man nur im Fluss erfassen.
Rhythmus lässt sich ebenso wenig anhalten wie Zeit.
Er geht auch dann weiter, wenn ich einen Fehler mache."

Jeder Musiker ist mit „Üben" konfrontiert. Was bedeutet Üben für dich?

Üben bedeutet für mich, Freiraum zu haben. Ich habe entdeckt, dass Üben eine Möglichkeit sein kann, Energie und Freude zu tanken. Üben führt mich in einen kreativen und inspirierten Zustand, auch dann, wenn ich nur einfache Abläufe an einer Trommel übe. Man kann sich das so vorstellen: Ich gehe zuerst mit dem, was ich spiele, in die Fokussierung, also in die Konzentration. Von dort aus lasse ich mich dann in die Meditation sinken, ohne dabei an Fokussierung zu verlieren.

Es ist schade, dass viele Musiker sich mit dem Üben quälen. Vorsätze wie: „Ich sollte heute noch üben" oder: „Ich habe noch nicht lang genug geübt" verschlechtern meiner Meinung nach die Lebensqualität und sind kontraproduktiv. Es geht also darum, das Üben als lustvolle Zeit einzurichten.

Dazu gehört auch das Wissen, dass es Fähigkeiten gibt, die ich besser am Instrument erlernen kann, und solche, die ich besser ohne Instrument entwickle. Die rhythmische Unabhängigkeit beider Hände kann ich mit TaKeTiNa im Bruchteil der Zeit realisieren, die ich dafür am Klavier oder an einer Trommel bräuchte. Dasselbe gilt für das Spüren von Fließen und Pulsieren•.

Als ich noch mit Klavierunterricht mein Geld verdiente, erlebte ich öfters, dass ein Schüler, der bereits eine beachtliche Technik entwickelt hatte, bei einem Musikstück im langsamen Tempo verzweifelte. Es waren keine Bögen, keine musikalischen Zusammenhänge und kein Atem spürbar. Die Noten stimmten, doch die Musik klang fürchterlich – mal zerhackt und schleppend, dann wiederum drängelnd und nervös. In dieser Zeit wurde mir klar, dass es viel leichter ist, Pulsieren und Strömen mit dem Körper zu entwickeln als durch Üben am Instrument.

Auch ich habe als Pianist viel Zeit durch ineffektives Üben verschwendet. Obwohl ich nur an zwei oder drei Stellen in einer Bachfuge Probleme hatte, spielte ich immer wieder das ganze Stück von Anfang bis Ende, wodurch sich meine Probleme natürlich nicht beheben ließen. Durch TaKeTiNa kam ich endlich auf die Idee, aus den Problemstellen rhythmische „Loops" – also kleine, sich wiederholende Stücke – zu machen. In kürzester Zeit begann die Musik zu klingen, wie ich sie in mir hörte, und dabei steigerte sich natürlich auch die Lust am Üben.

Wie streng oder wie humorvoll jemand beim Üben mit sich ist, spielt eine große Rolle. Jemand, der – bewusst oder unbewusst – sein Spiel ständig mit negativen Kommentaren begleitet, legt die Grundlage für mühseliges Üben.

Wie kann man TaKeTiNa in die Aufführungs- und Übungspraxis von sitzenden Musikern integrieren?

Ganz einfach, indem man TaKeTiNa als begleitendes Lernen nimmt, das parallel zur Instrumentalpraxis viele wichtige Fähigkeiten vermittelt.

Die meisten Musiker arbeiten mit Metronom. TaKeTiNa kommt ohne Metronom aus.

Im Zen heißt es: „Für Perfektion braucht es eine kleine Ungenauigkeit.“ Das lässt sich auch auf Musik übertragen: Mozarts Musik würde metronomisch genau gespielt bizarr klingen. Allerdings würden zu viele willkürliche Verzögerungen die Musik ebenso zerstören. Es gibt also ein Maß an „Ungenauigkeit“, das der Mensch als organisch und angenehm empfindet, auch wenn dieses Maß in jedem Musikstil etwas anders ist.

Leicht fluktuierende• Musik erscheint uns als wesentlich rhythmischer als metronomisch exakte. Das liegt in der Natur des Menschen. Wenn mehrere zusammenspielen, beeinflussen sie sich gegenseitig und es entsteht ganz organisch ein natürliches rhythmisches Hin und Her, ein Fluktuieren. Eben das passiert auch im TaKeTiNa-Prozess und je flexibler jemand innerlich ist, umso schneller kann er an diesem Abgleichen teilhaben. Weil das kontrollierte Machen losgelassen werden kann, können nur aus Laien bestehende Gruppen im TaKeTiNa-Prozess komplexe vielschichtige Rhythmen ausführen, für die mancher Musikstudent einige Tage üben müsste. In TaKeTiNa hingegen entsteht dieses Resultat durch Selbstorganisation•.

Sagst du damit, dass das Üben mit dem Metronom nicht sinnvoll ist?

Wenn jemand ein ausgebildeter Musiker ist, ist das Üben mit dem Metronom sehr wohl sinnvoll, denn es ermöglicht ihm, das Tempo in kleinsten Schritten zu verändern. Das Metronom wird jedoch auch manchmal falsch verstanden und sinnwidrig eingesetzt. Groove• und Rhythmusgefühl lassen sich damit nicht entwickeln und deshalb haben Menschen, deren Sensomotorik• noch nicht entwickelt ist, auch große Schwierigkeiten, mit einem Metronom zu spielen. Wenn man gelernt hat, sich von einem Puls• tragen zu lassen, ist das Metronom eine Orientierung, die man in minimalen Schwankungen umspielt.

Hat ein Musiker einem Laien gegenüber einen Vorteil beim Lernen mit TaKeTiNa?

Ein wirklich guter Musiker hat den Vorteil, dass er über seine Fehler und über das Aus-dem-Rhythmus-Fallen lachen kann. Damit kommt er natürlich umgehend wieder zum Rhythmus zurück. TaKeTiNa arbeitet jedoch mit einer komplexen Mehrschichtigkeit, in der einzelne Ebenen auch noch variieren. Das ist auch für einen erfahrenen Musiker eine Herausforderung. Hinzu kommt, dass Musiker eher wenig Erfahrung mit Chaosphasen haben und sich ärgern, wenn sie selbst in einfacheren Strukturen den Rhythmus verlieren.

Wir haben jedoch oft erlebt, dass Musiker diese Herausforderungen richtig genießen und auf eine Art und Weise aus dem Rhythmus fallen, die Außenstehende kaum bemerken: Schon im Rausfallen kommen sie wieder rein. Solche Musiker sind ein Geschenk für eine Gruppe, denn alle merken: Hier ist ein guter Musiker und der hat keinerlei Mühe zu zeigen, wenn er aus dem Rhythmus fällt – ja, er hat sogar noch Spaß daran. Das vermittelt eine neue und unmittelbare Erfahrung von gelebter Kompetenz.

4.6 Das Aufeinander-Wirken von Hörbarem und Unhörbarem

„Das Magische an Musik ist, dass Hörbares und Unhörbares ständig aufeinanderwirken."

Du sprichst von einer „unter der Musik" liegenden Welle. Nun wäre es interessant, wie man mit dieser in Kontakt kommt.

Wenn man vor einem großen Gong einen intensiven Ton singt, dann hallt dieser Ton im Gong nach. Die Frequenzen, die im gesungenen Ton und im Gong enthalten sind, treten miteinander in Beziehung, sie resonieren.

Dass das klingende Spiel eines Musikers im Zuhörer eine spürbare Welle – den stillen Puls – erzeugt, beruht auf einem ähnlichen Phänomen. Sobald hörbarer Rhythmus erklingt, beginnt im Unhörbaren ein Puls zu schwingen, der den hörbaren Gestaltungen einen rhythmischen Kontext gibt. Manchmal kann man sehen, wie jemand, der Musik hört, mit der Fußspitze dazu wippt. Dies ist ein einfacher körperlicher Ausdruck dieses stillen Pulses. Man kann klar erkennen, dass die Bewegung der Fußspitze regelmäßig und durchgehend ist. Die hörbare Musik hingegen ist das nicht: Sie hat Akzente, Synkopen•, Verschiebungen, Verzögerungen und sich überlagernde Bögen. In Musik sind im Hörbaren und im Spürbaren zwei unterschiedliche Informationen auf faszinierende Art und Weise miteinander verbunden. Der Musiker aber gleicht einem Surfer, der die Welle, die er surft, selbst in Bewegung gebracht hat.

Sobald die Welle zu schwingen beginnt, tritt der Musiker mit ihr in Beziehung. Manchmal, indem er mit ihr in Spannung geht, dann wieder durch Verstärkung. Wie unterschiedlich hörbare und spürbare Informationen in Musik sein können, wird am Beispiel Salsa• deutlich. Dort spielen Bass und Perkussionsinstrumente fast durchgehend auf dem Offbeat•. Es ist erstaunlich, wie schnell jemand, der diese Musik nicht kennt, den Grundpuls• verliert, da viele Instrumente die Aufmerksamkeit weg vom stillen Puls ziehen. Die Wahrnehmung des stillen Pulses ist in uns angelegt. Um ihn jedoch in jeder Musik spüren zu können, braucht es Training und Übung. Hier zeigt sich, dass rhythmisches Lernen auch Wahrnehmungs- und Bewusstseinstraining ist.

Am Anfang eines jeden TaKeTiNa-Prozesses ist der stille Puls in den Schritten verkörpert. Später, wenn die Schrittbewegungen verinnerlicht sind, gehen die Schritte oft auch in die Zwischenräume, was das Empfinden des stillen Pulses vertiefen kann.

Lebendige Musik braucht inszenierte, aber auch natürlich entstehende Schwankungen. Wie sind diese in TaKeTiNa integriert?

Damit sprichst du einerseits das „Mikro-Timing" an – also jene Schwankungen, mit denen man Rhythmen das „Feeling" gibt, andererseits aber ist das auch das „Rubato•", also das Verlassen des Grundpulses, das man oft am Ende eines klassischen Stückes hört. Das sind genau die Reibungen zwischen hörbarem und unhörbarem Bereich, von denen ich gerade gesprochen habe. Sie sind ein essenzieller Stimulus in der Musik.

Ich kann sie jedoch nur dann wirklich erleben und spielen, wenn der stille Puls• – also das unhörbare regelmäßige Fundament der Musik – in mir lebendig ist. Um beim Spielen mit einem Grundpuls in Spannung gehen zu können, muss ich ihn deutlich spüren. Die bewusst gespielten und unbewusst entstehenden Schwankungen in der Musik kann ich erst dann wahrnehmen, wenn ich imstande bin, das regelmäßige Pulsieren darunter in mir zu spüren. TaKeTiNa stimuliert die Wahrnehmung dieser inneren Welle.

Im „Sambafeeling" beispielsweise schwankt die Unterteilung der Zwischenräume zwischen einer TaKeTiNa-Bewegung und einer GaMaLa-Bewegung. In der Terminologie der westlichen Musik könnte man auch sagen: Samba fluktuiert• zwischen „Sechzehntel- und Achtel-Triolen-Feeling". Im Hin- und Herbewegen gewinnt der Rhythmus seinen Charakter, seine Lebendigkeit und seinen Drive. Samba kann also nur derjenige wirklich spielen, der beide Informationen – die TaKeTiNa- wie die GaMaLa-Unterteilungspulsation• – in seiner Sensomotorik• geöffnet hat. Sind beide Unterteilungspulsationen in mir lebendig, passiert das Schwanken, wenn ich es zulasse, wie von selbst. Versuche ich es hingegen willentlich zu erzeugen, klingt der Rhythmus „gemacht" und das widerspricht dem Sambafeeling. TaKeTiNa kann also eine sehr effektive Grundlage dafür sein, dass lebendige Schwankungen zu einem Grundpuls realisierbar werden.

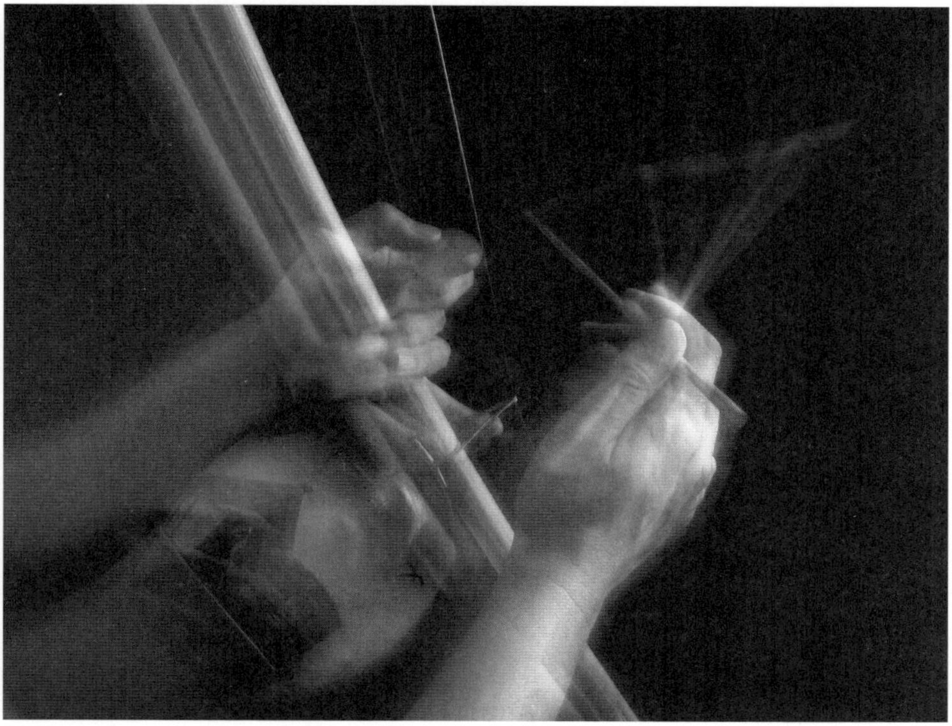

4.7 Eine neue Vision von Rhythmus

„Das Studium der indischen Tabla-Trommel hat mich inspiriert,
mich damit auseinanderzusetzen, welche musikalischen Begriffe Naturgesetzen
entsprechen und welche Konvention einer bestimmten Kultur sind."

Warum verwendest du Begriffe wie „Puls", „Zyklus", und „Unterteilungspulsation" statt der gebräuchlichen Begriffe „Takt" und „Metrum"?

Als ausgebildeter Pianist war es für mich ein Schock zu entdecken: In indischer Musik gibt es weder Takt• noch Metrum•. Das Gleiche erlebte ich später in afrikanischen Rhythmen und zahlreichen Formen asiatischer Musik. Dabei lösten sich zentrale Begriffe meiner damaligen Musikwelt in nichts auf. Es wurde mir klar, dass die Art und Weise, wie die europäische Musiktradition Rhythmus sieht, keineswegs falsch ist, aber eben nur eine von vielen möglichen Sichtweisen, von denen man als westlicher Musiker jedoch kaum je etwas zu hören bekommt. Es war ein heilsamer Prozess, mich während des Tabla•-Studiums mit der Frage auseinanderzusetzen: Welche musikalischen Begriffe entsprechen Naturgesetzen und welche entstammen der Konvention einer bestimmten Kultur?

Als sich mein rhythmischer Horizont weitete, merkte ich: Pulsation• ist Naturgesetz. Pulsation lebt in jedem Körper, sie begegnet uns aber auch in unzähligen Formen in der Natur. Takt hingegen ist Konvention – eine Konvention, die in europäischer Musik zeitlich zwischen Bach und der Musik des Impressionismus begrenzt ist. Die Gregorianik und die frühe Mehrstimmigkeit des Leonin• und Perotin• kamen ebenso ohne Taktstriche aus wie viele der heutigen Avantgardisten. „Takt" beschreibt einen rhythmischen Raum und damit auch die Gruppierung von Schlägen gleicher „Notenwerte".

„Notenwert" – dieses Wort ist ein Schlüssel zum Verständnis der unterschiedlichen Zugänge. Beim Spielen einer Geige, einer Flöte oder einer Orgel kann ich die Tondauer exakt beeinflussen, bei einer Trommel hingegen ist das nur sehr begrenzt möglich. Für den Trommler aus Indien oder Afrika ist es weniger wichtig zu wissen, wie lange ein Ton dauert, sondern wo er im Rhythmusgefüge liegt und in welcher Beziehung er zu anderen Rhythmuselementen steht. Dazu kommt noch: Sowohl indische wie auch afrikanische Rhythmen sind viel zu komplex, um sie überhaupt in Takt oder Metrum fassen zu können. Deshalb gibt es im indischen „Tala•" ganz andere Begriffe wie Avreti•, Anga• und Laya•, während es in vielen Rhythmen Afrikas noch nicht einmal eine gemeinsame „Eins" gibt.

Wie wunderbar, dass auf unserem Planeten so viele unterschiedliche Zugänge zu Rhythmus und Musik existieren! Und wie einfach sind die Phänomene, die unter allen Konventionen wirken und mit denen TaKeTiNa arbeitet: Pulsation, Zyklus und Unterteilungspulsation.

Da TaKeTiNa kulturübergreifend angelegt ist, war es für mich essenziell zu erkennen: Was sind Konventionen und was sind Naturgesetze? Ein Kilo beispielsweise ist eine Maßeinheit, eine Konvention. Man könnte Gewicht auch in einer anderen Konvention – z.B in Pfund – messen. Dass Materie auf diesem Planeten jedoch Gewicht hat, ist ein Naturgesetz. TaKeTiNa geht zu den Wurzeln von Rhythmus und bezieht sich direkt auf die unter den Konventionen liegenden rhythmischen Ur-Bewegungen.

Gibt es Alternativen zur gängigen Notenschrift?

Ja, es gibt sie und die einfachste davon ist die Pulsations•-Notation, die traditionell in indischer oder koreanischer Musik verwendet wird. Wir verwenden sie auch in unseren Trommelausbildungen, um das Memorieren rhythmischer Strukturen und Arrangements zu erleichtern.

Wie in alten Rhythmuskulturen steht auch in TaKeTiNa die ganzkörperliche Erfahrung am Beginn. Analysiert und notiert wird dann reflektierend und aus der Erfahrung heraus. Ein ähnliches Prinzip hat auch der Begründer der Rhythmik, Jaques Dalcroz• entwickelt, das sich in drei Begriffe zusammenfassen lässt: „erfahren“, „erkennen“, „benennen“. Auch hier steht die Erfahrung am Anfang, aus der Erfahrung wächst das Erkennen der Struktur. In den Ausbildungen notieren wir die körperlich erfahrenen Rhythmusstrukturen dann auch noch zusätzlich in der üblichen westlichen Notation. Dabei zeigen sich jedoch auch deren Grenzen, denn viele afrikanische Polyrhythmen lassen sich mit der europäischen „Mensuralnotation•“ einfach nicht darstellen.

5. Resultate und Effekte des TaKeTiNa-Prozesses

5.1 Vertrauen finden in die tragende Kraft von Rhythmus

Es scheint mir, dass Rhythmus und Vertrauen im TaKeTiNa-Prozess miteinander verbunden sind.

Am leichtesten entsteht Vertrauen in einem Feld, das ehrlich, freundlich, klar, fehlertolerant und risikobereit ist. Wenn jemand erlebt, wie er durch Risikobereitschaft und Fehlertoleranz in einen Zustand kommt, in dem er sich ganz vom Rhythmus getragen fühlt, so wächst dabei auch tiefes Vertrauen – in die tragende Kraft des Rhythmus, in die eigene Entwicklungsfähigkeit und letztendlich in das Leben. Rhythmus lädt ein, zwanghafte Kontrolle loszulassen und sich dem Getragen-Sein hinzugeben. Lassen wir uns darauf ein, so entsteht Vertrauen, dass das Leben trägt und dass vieles, von dem wir glauben, es kontrollieren oder gar erzwingen zu müssen, sich von selbst organisch entwickeln kann.

Das Lernen mit TaKeTiNa richtet einen „Scheinwerfer" auf unsere Fähigkeit und Bereitschaft zu vertrauen. Man lernt dem Rhythmus auch dann zu vertrauen, wenn man ihn gerade verloren hat. Das ist in der Musik ebenso wichtig wie im Alltag, denn jeder gerät mal aus dem Fluss des Lebens. Man kann dies als Chance erkennen, jetzt erst recht in sich und in das Leben zu vertrauen.

Auch wenn ich aus dem Rhythmus falle, geht Rhythmus weiter und steht mir als tragende Kraft zur Verfügung. Ist es das, was Vertrauen schafft?

Das ist ein Teil davon. Ich lerne zu spüren, dass eine Kraft weiterträgt, an die ich mich jederzeit wieder anschließen kann. Wenn mir das einige Male gelungen ist, bildet sich Vertrauen und ich bin bereit, noch tiefer loszulassen.

Dabei können sich innere Stimmen auflösen, die mir weismachen wollen: „Wenn ich den Rhythmus verliere, ist alles aus." In der Regel genügt ein kurzer Moment innerer Stille, um den Puls• wieder in die Wahrnehmung kommen zu lassen. Panik oder Überaktivität hingegen halten uns genau dort fest, wo wir am wenigsten sein möchten: im Durcheinander, in einem Zustand, in dem wir weder vor- noch zurückwissen.

Damit sich etwas neu ordnen kann, müssen wir wagen, es zunächst einmal loszulassen. Wenn wir jedoch reflexhaft mit Angst reagieren, wird Loslassen unmöglich. In TaKeTiNa kann jeder lernen: Rhythmischer Zusammenbruch darf sein und wenn ich darin präsent und innerlich offen bleibe, führt mich der Prozess wie von selbst wieder zurück zur rhythmischen Ordnung – meist zu einer neuen und zu einer wesentlich stabileren.

Spielt Geduld eine Rolle? Wird sie thematisiert, wird sie gefördert?

Wenn man von jemandem verlangt, dass er geduldig sein soll, wird Geduld zu etwas Zwanghaftem. In der üblichen Pädagogik ist Geduld ja oft mit einem Versprechen oder mit einer Drohung gekoppelt. „Wenn du geduldig bist, dann wirst du dies oder jenes erreichen!" Oder: „Wenn du keine Geduld hast, wirst du nie etwas erreichen!" Wer in das Hier und Jetzt eintauchen kann, braucht keine Geduld. Er ist erfüllt und kann sich seiner Aufgabe beliebig lange widmen.

Das wurde mir bewusst, als jemand zu mir sagte: „Reinhard, du bist ein ausgebildeter Musiker. Woher nimmst du die Geduld, immer wieder mit Anfängern zu arbeiten?" Die Wahrheit ist: Mit Geduld wäre das nicht zu schaffen. Doch es ist erfüllend, Zeuge zu sein, wie Menschen sich entwickeln. Das ist Abenteuer pur!

5.2 Die gleichzeitige Wahrnehmung

„,Ich nehme mehr wahr als sonst'. ,Ich bin aufnahmefähiger'. ,Ich bin handlungsfähiger, als ich es sonst von mir kenne.' Mit diesen Sätzen beschreiben die Menschen den Zustand der gleichzeitigen Wahrnehmung. In ihm kann ich auf mehreren Kanälen zugleich senden und empfangen und ich kann ein Vielfaches an Informationen verarbeiten. Rhythmus ist eines der effektivsten Werkzeuge, um die gleichzeitige Wahrnehmung zu öffnen."

Vieles gleichzeitig zu tun assoziiert man mit Stress und Überforderung. Die gleichzeitige Wahrnehmung scheint also etwas anderes zu sein.

Jemand checkt im Büro seine E-Mails und während das Telefon läutet, kommt auch noch ein Kollege vorbei und will dringend eine wichtige Information haben. Diese Situation erleben die meisten Menschen als Stress – und das hat auch seinen Grund: Der deutsche Gehirnforscher Ernst Pöppel hat herausgefunden, dass mentales Multitasking – also gleichzeitiges Abarbeiten mehrerer rational zu lösender Aufgaben – nur beschränkt lernbar und obendrein sehr anstrengend ist. Versuche zeigen, dass es auch für gut geschulte Menschen schwierig ist, mehr als zehn unterschiedliche Fakten gleichzeitig im Gehirn zu speichern.

Diese Einschränkung existiert jedoch nur dann, wenn für das gleichzeitige Erfassen von Ereignissen immer derselbe „Kanal" beansprucht wird – im genannten Fall also das rationale Denken. Anders verhält es sich, wenn die Gleichzeitigkeit unterschiedlicher Ereignisse auf unterschiedlichen Kanälen wahrgenommen und umgesetzt werden kann. Wenn der Informationsfluss sich auf die motorischen, sensorischen, emotionalen, mentalen und visuellen Ebenen aufteilt, ist es erstaunlich, wie viele verschiedene Informationen der Mensch gleichzeitig verarbeiten kann.

Musik im Allgemeinen und Rhythmus im Besonderen sind ein effektiver Weg, die gleichzeitige Wahrnehmung zu öffnen. Musik selbst basiert ja auf einer elementaren Form gleichzeitiger Wahrnehmung. Wenn jemand beispielsweise eine Fuge von Johann Sebastian Bach hört und dabei seine Aufmerksamkeit stets nur auf eine einzige Stimme richten kann, nimmt er einen Bruchteil dessen wahr, was Bach vermitteln wollte. Wenn sich das Hören jedoch durch die gleichzeitige Wahrnehmung auf alle Stimmen gleichermaßen ausdehnen kann, dann erlebt jemand nicht nur ein Vielfaches an musikalischen Informationen, er hört das, was Bach geschrieben hat. Vielschichtigkeit führt im Zustand gleichzeitiger Wahrnehmung nicht zu Stress, sondern zu Stille, zu einer soliden Basis für entspanntes Handeln. Das macht die gleichzeitige Wahrnehmung auch für jene Menschen interessant, die beruflich tagtäglich mit einer komplexen Vielschichtigkeit zu tun haben. In der gleichzeitigen Wahrnehmung öffnet sich innerer Raum, in dem vieles möglich ist, was sonst unmöglich wäre.

Wenn sich die gleichzeitige Wahrnehmung durch rhythmisches Training öffnet, so heißt das doch, dass man durch rhythmisches Lernen den Zustand der Wahrnehmung beeinflussen kann.

So ist es auch, und auf diesem Prinzip basiert TaKeTiNa. Man spricht Rhythmussilben und verbindet deren Impulse mit Schrittbewegungen. Der TaKeTiNa-Prozess beginnt also zunächst mit willentlichem Handeln, beispielsweise: Mu – Schritt links, San – Schritt links und Ga – Schritt rechts, La – Schritt rechts. Es entsteht eine rhythmische Schrittbewegung und durch das Wissen, welche Silbe auf welchen Schritt kommt, gelingt es jedem früher oder später, die Bewegung der Schritte zu koordinieren. Die gleichzeitige Wahrnehmung ist an diesem Punkt noch nicht erforderlich.

Wenn in der Folge der Klatschrhythmus dazukommt, geraten die kontrolliert geführten Schritte durcheinander – der Rhythmus zerfällt. Diese Destabilisierung, die durch die Gleichzeitigkeit unterschiedlicher Bewegungen erreicht wird, lässt sich immer weiter steigern. Hier ein Beispiel: Der Kreis der Teilnehmer bewegt sich in einem einfachen Schrittrhythmus und der Leiter lädt sie ein, den linken Arm passiv hängen zu lassen, mit der rechten Hand aber gleichzeitig den linken Arm des rechten Nachbarn aktiv zu bewegen. Jeder versteht, was damit gemeint ist, doch sobald es jemand probiert, gerät alles durcheinander. Auf eine Flut solch unterschiedlicher Informationen ist das Nervensystem nicht vorbereitet.

Dieses „Auseinanderfallen“ ist der erste Schritt aus dem linearen kontrollierten Handeln in die gleichzeitige Wahrnehmung. Im „linearen Modus“ richten wir unsere Aufmerksamkeit stets auf eine Sache; wenn vieles Unterschiedliches zugleich passiert, wissen wir nicht mehr, worauf wir uns konzentrieren sollen. Weil der aus dem Rhythmus Fallende die Kontrolle loslassen kann, entfernt er sich vom willentlichen Machen und öffnet sich dem Geschehen-Lassen. Es gibt bei diesem „Aus-dem-Rhythmus-Fallen“ Momente, in denen Ordnung und Chaos zugleich erlebbar sind. „Drin-Sein“ und „Draußen-Sein“ rücken näher zusammen und plötzlich öffnet sich die gleichzeitige Wahrnehmung. Anstatt aus dem Rhythmus zu fallen, erlebt jemand Getragensein, Vielschichtigkeit und Komplexität.

Das gleichzeitige Erleben von zwei, drei, ja vier unterschiedliche Bewegungsebenen kann mit TaKeTiNa für jeden zur Realität werden. Von da an geht es nur noch um die Vertiefung dieses Zustandes. Jeder, der die gleichzeitige Wahrnehmung einmal erlebt hat, berichtet: „Plötzlich geht alles einfach.“ „Ich nehme wesentlich mehr wahr als sonst.“ „Ich bin viel aufnahmefähiger als sonst.“ „Es ist mir möglich, auf mehreren Ebenen zugleich präsent zu sein.“

Der innere Raum, der durch die gleichzeitige Wahrnehmung entsteht, öffnet sich in der Folge immer weiter: Wenn ein viertes Element dazukommt, entsteht mehr Raum! Dann ein fünftes: noch mehr Raum! In der „normalen“ linearen Wahrnehmung hingegen bewirken bereits zwei unterschiedliche Bewegungen, die zugleich ablaufen, Enge und eine dritte noch mehr Enge. So kehrt sich das um.

Welche Rolle spielt die gleichzeitige Wahrnehmung in der Musik?

Musik basiert auf gleichzeitiger Wahrnehmung. In ihr wirken hörbare und unhörbare Informationen zusammen. Wenn es gelingt, beide gleich intensiv wahrzunehmen, erlebt man Musik multidimensional.

Das wurde mir zum ersten Mal in Kuba bewusst. Auf dem Marktplatz der Küstenstadt Matanzas, die man auch „Hauptstadt des Rumba“ nennt, spielten drei Congeros auf ihren Trommeln. Andere tanzten. Ich stand in der Menschenmenge, die einen großen Kreis geformt hatte, und stellte leicht irritiert fest, dass es mir nicht gelang, einen Zusammenhang zwischen den Bewegungen der Tänzer und den Rhythmen der Conga-Spieler zu erkennen. Es schien, als befänden sich Tänzer, Trommler und ich in unterschiedlichen Welten. Heute ist mir klar, dass ich die unhörbaren Informationen – den darunter liegenden Puls•, die Unterteilungspulse und den rhythmischen Raum mit seiner spezifischen Struktur – einfach nicht wahrnehmen konnte. Hätte ich damals bereits Zutritt zur gleichzeitigen Wahrnehmung gehabt, dann hätte ich auch ohne Anleitung von außen die Zusammenhänge spielend erkennen können.

Der Effekt der gleichzeitigen Wahrnehmung setzt sich bis zur einfachsten rhythmischen Form – der Pulsation• – fort. Eine Pulsation ist das Abwechseln von Puls und Zwischenraum, und wenn jemand seine Aufmerksamkeit vor allem auf die Pulse richtet, so begegnet ihm dabei Begrenzung, Wiederkehr und Verdichtung. Achtet jemand hingegen auf die Zwischenräume, so treten das Wahrnehmen von Strömen und ein verstärktes Raumempfinden in den Vordergrund. Mit der gleichzeitigen Wahrnehmung jedoch gelingt es, all diese Aspekte in voller Intensität zugleich zu erleben. Übertragen heißt das: Wenn ich Puls und Zwischenraum gleich intensiv wahrnehmen kann, dann gelingt das auch mit Stille und Bewegung. Stille in Bewegung und Bewegung in der Stille ist der Schlüssel zu tiefer innerer Entspannung.

Warum ist Rhythmus effektiv für das Öffnen der gleichzeitigen Wahrnehmung?

Durch Rhythmus sind wir mit einer zentralen Kraft des Lebens verbunden, über die wir alle Schichten unseres Bewusstseins aktivieren können. Um die gleichzeitige Wahrnehmung dauerhaft öffnen zu können, braucht es den körperlichen Stimulus und die direkte Erfahrung. Ein ausschließlich sitzender, denkender, sprechender und mental aktiver Mensch schafft aus meiner Erfahrung den Sprung in diesen Zustand nur sehr schwer.

Gleichgültig wie turbulent, vielschichtig und chaotisch das Leben gerade sein mag, die gleichzeitige Wahrnehmung öffnet Raum und Möglichkeiten, die sonst nicht wahrgenommen werden können. Ohne diese Räume ist es leicht, sich in Illusionen zu verstricken: „Es ist alles viel zu viel. Ich schaffe das nicht.“ Man kann dann nicht mehr erkennen, dass man in einer Illusion gefangen ist. Gerade weil die gleichzeitige Wahrnehmung so viele Möglichkeiten eröffnet, spielt sie eine immer wichtigere Rolle im Leben des heutigen Menschen – und mit ihr der rhythmische Weg.

5.3 Vernetzung von Bewusstseinsschichten

„Wenn mehrere Bewusstseinsschichten miteinander in Kontakt treten, vervielfachen sich die Möglichkeiten der Kommunikation, der Wahrnehmung und des Handelns."

In mehrtägigen Workshops berichten einige Teilnehmer, dass sie nachts sehr tief schlafen, andere wieder, dass sie kaum oder gar nicht schlafen können. Manche erzählen auch von besonderen Träumen.

Dass jemand zwischen zwei Tagen, an denen er viele Stunden lang intensive Rhythmuserfahrungen macht, sehr tief oder gar nicht schläft, ist natürlich. Auf extreme Energiezufuhr und tief greifende Prozesse reagiert der eine mit Schlaflosigkeit, der andere mit Tiefschlaf. Beide aber verarbeiten dabei auf die ihnen angemessene Art und Weise die Erlebnisse.

Die Tatsache, dass Menschen nach TaKeTiNa-Prozessen außergewöhnliche Träume haben, ist ebenfalls wenig erstaunlich, denn auch im TaKeTiNa-Prozess passiert ja Ungewöhnliches. Es realisieren sich Dinge, die eigentlich gar nicht gehen können: Wenn eine Gruppe von Nichtmusikern nach zwei oder drei Tagen einen Dreier-Rhythmus geht, dazu einen Fünfer-Rhythmus klatscht und dann auch noch mit der Stimme dazu variiert, dann weiß jeder, dass das normalerweise unmöglich ist. Es kann nur passieren, wenn sich eine bislang verschlossene Quelle öffnet.

Ein intensiver nervaler Vernetzungsprozess, der mehrere Stunden lang ist, wirkt auch in der Nacht weiter. Manchmal vertieft sich die Vernetzung im Schlaf. Über längere Zeit gesehen wirkt TaKeTiNa jedoch harmonisierend: Menschen mit chronischen Schlafstörungen kommen nach einem mehrtägigen TaKeTiNa-Workshop oft wieder in einen erholsamen Tiefschlaf.

Häufig beschreiben die Menschen nach einem Workshop einen Zustand von Langsamkeit, der sehr angenehm ist.

Langsamkeit entsteht nicht bei jedem Menschen und auch nicht in jedem Workshop. Doch mit dem Erleben der Zeitlosigkeit bekommen Menschen einen veränderten Zugang zum Erleben von Tempo: Einerseits erhöht sich die Reaktionsgeschwindigkeit, andererseits löst sich der Druck, den viele aus dem Alltag mit sich tragen. Der Druck, so könnte man sagen, komprimiert die Zeit und alles wirkt dadurch hektischer. Wenn sich das löst, haben Menschen oft das Gefühl, langsamer gehen, langsamer essen, ja auch langsamer sprechen zu wollen.

Viele können ihre Lebenssituation nach einem mehrtägigen Workshop aus einem neuen Blickwinkel wahrnehmen. Manches erscheint einfacher, manchmal taucht auch ein kreativer Lösungsansatz auf. Die äußere Realität ist vor und nach dem Workshop jedoch gleich geblieben.

Wir können versuchen, uns nach außen hin Bedingungen zu schaffen, die wir als optimal empfinden. Es gibt jedoch viele Bereiche, die sich unserer Einwirkung gänzlich entziehen. Morgen schon kann es sein, dass jemand plötzlich mit einer Krankheit konfrontiert ist, obwohl er sein Leben lang gesund gelebt hat. Ein Haus, das sich jemand gebaut hat, kann über Nacht durch eine Überschwemmung, ein Feuer, oder ein Erdbeben zerstört werden. Die meisten wissen: Es kommt meistens anders, als wir es geplant haben, denn das Leben hat eine unberechenbare Komponente.

Solange wir daher Erfüllung und Lösungen ausschließlich im Außen suchen, sind wir zum Scheitern verurteilt. Wenn wir uns hingegen darauf fokussieren, wie wir mit einer Situation umgehen, liegt das Leben wieder in unserer Hand. Im TaKeTiNa-Prozess kann man im Kontext eines Rhythmuskreises erfahren und lernen, wie sich durch das Ändern der eigenen Verhaltensweise auch das ändert, was um einen herum passiert. Es wird deutlich, welchen enorm starken Einfluss innere Prozesse auf das „äußere" Leben haben.

5.4 Erleben von Gegenwart

„Die Vergangenheit hat keine Macht über die Gegenwärtigkeit.“ – *Eckhart Tolle*

Ein Ziel von TaKeTiNa ist das Eintauchen ins „Hier und Jetzt“ – Ziel und Inhalt von Zen-Meditationen, Yoga oder Eckhart Tolles „The power of now“.

Tolle öffnet diesen Zustand durch paradoxe Vorträge, der Zen-Weg über Koans. TaKeTiNa führt den Menschen über rhythmische Prozesse in diesen Zustand.

Zu Beginn eines Workshops ist den Menschen in der Regel wenig bewusst, wie und wann sie ihre Schritte setzen und wo sie klatschen. Das Spüren und das bewusste Erleben öffnen sich meist erst im Laufe des Prozesses. Nach drei Tagen haben viele gelernt, mehrere innere „Antennen“ gleichzeitig anzuschalten und können damit komplexe rhythmische Situationen meistern, ohne darüber nachdenken zu müssen. Dies ist nur im Hier und Jetzt möglich.

Menschen, die temporär in die Zeitlosigkeit eintauchen, würden diesen Zustand wahrscheinlich gerne festhalten.

„Zeitlosigkeit“, „Festhalten“ und „Wollen“ sind drei Begriffe, die ganz augenscheinlich nicht zusammenpassen. Auch mit dem stärksten Willen lässt sich Zeitlosigkeit nicht festhalten. Das ist auch das Schöne an diesem Zustand. Um in Zeitlosigkeit einzutauchen, braucht es „absichtslose Intention“ – ein Begriff, der in sich ein Widerspruch zu sein scheint, zumindest auf der rationalen Ebene. Mit der „absichtslosen Intention“ stelle ich meinen Kompass auf ein Ziel ein, lasse aber den Weg und den Zeitrahmen, in dem ich es erreiche, vollkommen offen – und das inkludiert auch die Möglichkeit, dass ich es längere Zeit nicht erreichen kann.

Wenn jemand in die Zeitlosigkeit eintaucht, öffnet sich ein Tor, das sich mit jedem neuen Versuch leichter aufmachen lässt. Insofern braucht man diesen Zustand auch gar nicht festzuhalten. Wenn die richtigen Voraussetzungen geschaffen sind, öffnet er sich wie von selbst.

5.5 Heilung durch Rhythmus

„Die Resultate des TaKeTiNa-Rhythmusforschungsprojektes zeigen, dass die Arbeitsweisen von TaKeTiNa, besonders aber das Abwechseln von Synchronisations- und De-Synchronisations-Phasen, schon nach wenigen Stunden die Herzratenvariabilität in einen optimalen Bereich bringen, dass die Synchronisation zwischen den beiden Gehirnhälften erheblich zunimmt und die Funktionen des vegetativen Nervensystems in eine gute Integration miteinander kommen."

TaKeTiNa wird auf Musikuniversitäten, aber auch in therapeutischen Bereichen eingesetzt. Gibt es Krankheiten, deren Heilung nachweislich durch TaKeTiNa gefördert wird?

Neben den Ergebnissen der TaKeTiNa-Rhythmusforschung gibt es dokumentierte Erfolge in der Schmerztherapie. Durch die Arbeit, die ich und andere TaKeTiNa-Pädagogen an der Tagesklinik von Dr. Gert Müller-Schwefe• mit Schmerzpatienten geleistet haben, konnte belegt werden, dass viele Teilnehmer dieser Versuchsgruppe ihre tägliche Morphin-Dosierung erheblich reduzieren konnten.

Für mich persönlich war TaKeTiNa vor allem bei Asthma und bei Herzrhythmusstörungen eine lebenswichtige Therapieform. Es gibt unzählige Beispiele, in denen Menschen durch TaKeTiNa subjektive Linderung fanden. Bei mehr als 100 Menschen löste sich ein Tinnitus während eines längeren Workshops. All das sind empirische Erfahrungen, und ich bin neugierig, welche Hintergründe wir in den kommenden Jahren in den TaKeTiNa-Forschungsprojekten darüber finden.

Für mich ist diese Forschungsarbeit – auch wenn sie sehr aufwendig ist – ein wichtiges Element unserer Arbeit, da mit den Ergebnissen ein gezielter Einsatz in der Therapie- und Heil-Arbeit möglich sein wird. Jetzt schon arbeiten TaKeTiNa-Pädagogen im therapeutischen Bereich: Einige Ärzte setzen TaKeTiNa in ihren privaten Praxen ein, andere arbeiten damit in Kliniken, wie beispielsweise in der Klinik „Heiligenfeld" in Bad Kissingen. Dort ist TaKeTiNa ein integrativer und fester Bestandteil des Therapiealltages, was viele Patienten als wesentlich für ihren Therapieaufenthalt bewerten.

Bei mir ist während der TaKeTiNa-Ausbildung nach 35 Jahren chronischer Schmerzen eine schwere Endometriose geheilt. Zugleich habe ich mehrere Male erlebt, wie jemand, der mit chronischen Schmerzen an einem Seminar teilnahm, schon nach einer Woche sagte: „Meine Schmerzen sind weitgehend verschwunden." Worin liegt das heilsame Potenzial von TaKeTiNa?

TaKeTiNa hat das Potenzial, das Nervensystem zu harmonisieren. Viele Teilsysteme sind durch das Abwechseln von ganzkörperlichen Synchronisations•- und De-Synchronisations•-Phasen integrierter und deshalb auch effizienter. Wichtig scheint mir, all das in einem entsprechenden Kontext zu verstehen: TaKeTiNa kann vorbeugend und gesundheitsfördernd wirken. Es kann – richtig angewendet – sicherlich auch Heilprozesse unterstützen, ersetzt jedoch bei körperlichen oder psychischen Krankheiten in keiner Form den Arzt oder Psychotherapeuten. Doch es gibt zahlreiche Beispiele dafür, dass im Zusammenspiel zwischen einem TaKeTiNa-Pädagogen und einem Arzt oder Therapeuten große Effizienz in den Heilprozessen entstanden ist.

Als innerer Weg kann TaKeTiNa ein Spiegel sein, der jemandem effektiv helfen kann, behindernde Verhaltensweisen nicht nur zu erkennen, sondern diese auch zu transformieren. TaKeTiNa kann ein für jeden Menschen gangbarer Weg zu dauerhafter Entspannungsfähigkeit und besserer Belastbarkeit sein, was mit Sicherheit gesundheitsförderlich ist. Auch wurde bei zahlreichen Menschen, die an Bluthochdruck leiden, eine deutliche Senkung der Blutdruckwerte festgestellt. Doch auch hier empfiehlt sich TaKeTiNa nicht als alleiniges Mittel, sondern als Weg, der helfen kann, die Dosierung von blutdrucksenkenden Medikamenten deutlich zu reduzieren – auch hier wieder in Kooperation mit einem Arzt.

Gibt es Erfahrungen mit Autisten oder Mutisten?

Eine Gruppe von sechs Mutistinnen• zwischen 13 und 16 Jahren hat – angepasst an ihre Situation – über acht Wochen regelmäßig an TaKeTiNa teilgenommen. Im Laufe von acht Doppelstunden entwickelten die Teilnehmerinnen eine außergewöhnliche Wachheit, waren in der Lage, sich über Rhythmus aktiv auszudrücken, einander wahrzunehmen und sogar miteinander zu reden. Häufig befinden sich Mutisten in einem Teufelskreis: Weil sie nicht sprechen, werden sie von der Umwelt stark unter Druck gesetzt. Jeder möchte sie zum Sprechen bewegen, was sie als Reaktion darauf erst recht verweigern. Insofern ist die dem TaKeTiNa-Prozess innewohnende Freiheit, auch ohne Worte im Kontakt sein zu können, sehr förderlich.

Ein geistig behindertes Kind, das mit seinen Eltern regelmäßig an TaKeTiNa-Workshops teilnimmt, ist mir in besonderer Erinnerung. Es kann in diesem Kreis offensichtlich vergessen, dass es sonst immer anders behandelt wird als alle anderen. Die gleichermaßen vorhandene Ordnung und Freiheit wirken offensichtlich strukturierend und stabilisierend auf das Kind.

6. Potenzial für Wirtschaft und Politik

„Die Natur geht verblüffend souverän mit Komplexität um. Sie managt ohne Probleme ihre gewaltigen Datenströme. Offensichtlich kommt es ihr dabei weniger auf die Informationsmenge als vielmehr auf die richtige Auswahl an. Diese Erkenntnis trifft auch auf jene gewaltigen Wissensströme zu, die gegenwärtig über uns hinwegrollen und sowohl das öffentliche Leben wie die globale Wirtschaft mehr lähmen als beflügeln. Das Heil für Gesellschaft und Volkswirtschaften liegt deshalb allein im richtigen Management der immer chaotischer werdenden Informationsflut. [...] Der TaKeTiNa-Prozess hilft auf kreative Weise, komplexe Systeme und ihre Dynamik neu zu verstehen. Das ermöglicht besseres Management für die brennenden Fragen von heute und morgen." – Prof. Dr. *Fredmund Malik*, Malik Management Zentrum St. Gallen

Hat TaKeTiNa Auswirkungen auf Kultur, Politik und auf die Gesellschaft?

Diese Möglichkeit besteht. TaKeTiNa ist eine Arbeit, die nicht nur dem Einzelnen helfen kann sich weiterzuentwickeln, es ist ein Prozess, mit dem auch eine ganze Gruppe lernen kann. Mit TaKeTiNa lässt sich synchronisierte Aufmerksamkeit herstellen, es schafft die Grundlagen für Teambildung und vermittelt soziale Lernprozesse. Es ist ein Weg, auf dem jemand erfahren kann, wie Kommunikation fließt und welche Verhaltensweisen ein Zusammenleben erschweren.

Noch wird TaKeTiNa nicht in einem Umfang praktiziert, in dem es sich auf das gesellschaftliche Leben spürbar auswirken könnte, doch es ist ein Trend spürbar, dass Repräsentanten der Wirtschaft, der Medizin und der Politik sich unter dem Druck wachsender Probleme auf die Suche nach neuen Wegen machen. Dabei stoßen sie auch immer öfter auf die Möglichkeiten, die der TaKeTiNa-Prozess bietet. Entsprechende Kurse haben bereits stattgefunden und sind zugleich in Planung.

Lösungen liegen jedoch nicht im Außen, sondern sind im Suchenden selbst angelegt. Probleme, die ganze Bevölkerungsgruppen betreffen, können nicht durch rationales Nachdenken gelöst werden. Es braucht Visionen, innere Einsichten und das Wissen, wie offene Systeme – wie die Gesellschaft eines ist – sich verhalten und entwickeln können. Dabei kann der TaKeTiNa-Prozess eine echte Hilfe sein.

Du arbeitest mit TaKeTiNa auch in Führungsetagen. Es ist anzunehmen, dass Rhythmus und Gesang in diesen Kreisen eher ungewöhnlich sind.

Dennoch klappt das wunderbar. Das Potenzial, das TaKeTiNa Führungskräften bietet, liegt auf der Hand. Jemand, der von früh bis spät in einer vielschichtigen und komplexen Umgebung arbeitet, gewinnt durch das Öffnen der gleichzeitigen Wahrnehmung Übersicht, Effektivität und Kompetenz. Führungskräfte können die Fähigkeit vertiefen, in kürzester Zeit die wichtigen Informationen zu erkennen. Zugleich beschleunigt sich die Verarbeitungsgeschwindigkeit um ein Vielfaches. Auch die Gesprächsführung kann durch TaKeTiNa effektiver werden. Schon nach kurzem Training ist es möglich, auf mentale und emotionale Zustände von Gesprächspartnern effizient einzugehen, sozusagen die „Wellenlänge" des Gesprächspartners zu treffen. Das Ziel dabei ist keinesfalls manipulative Gesprächsführung, sondern menschlich nahe und der Situation entsprechende Kommunikation. Wer ist mein Gegenüber? Wie verlässlich sind seine Aussagen? Welche Brücken können gebaut werden? In diesem auf Rhythmusprozessen basierenden Gesprächstraining geht es darum, eine Form der Synchronisation• zu finden, die beiden Gesprächspartnern entspricht. Geübt wird dies in realen vielschichtigen Gesprächssituationen unter Einbeziehung von Perkussionsinstrumenten, die dem Übenden Feedback geben, wie kongruent er selbst kommuniziert. Irrelevante, inkongruente oder krass manipulative Aussagen wirken sich sofort und umgehend auf den Rhythmus aus, den der Übende beim Sprechen spielt. Einer unserer Klienten sagte einmal scherzhaft: „Dieses Setting könnte man als Lügendetektor einsetzen." Mit Sicherheit trifft jedoch zu: Es gibt dem Lernenden handfeste Kriterien und Feedback, die er lernen kann zu „lesen", sodass er diese Gesprächssituationen auch ohne unsere Hilfe weiter üben kann.

Viele Unternehmen schätzen an TaKeTiNa den teambildenden Aspekt – selbst in Gruppen, in denen es starke persönliche Konflikte und Kontroversen gibt. Manche Unternehmen entdecken aber auch, dass das Investment in die menschliche und innere Entwicklung ihrer Mitarbeiter nicht nur diesen, sondern vielmehr dem ganzen Betrieb zugute kommt. In einem menschlich angenehmen Klima arbeiten Menschen einfach effektiver.

Teambildung und TaKeTiNa?

Auf diesem Gebiet gibt es interessante Aspekte: Ernest Rossi, ein amerikanischer Psychologe und Schüler Milton Ericksons•, hat einen ultradianen Rhythmus• nachgewiesen, in dem jeder Mensch zwischen Leistungs-Hochs und Leistungs-Tiefs schwankt. Unsere Erfahrung zeigt, dass sich in Gruppen, die längere Zeit TaKeTiNa gemeinsam praktizieren, die ultradianen Phasen der Teilnehmer miteinander synchronisieren. In Teams, die kreative Arbeit zu leisten haben, kann das zu Höchstleistungen führen, die möglich werden, weil sich alle Teammitglieder zugleich in einem ultradianen Hoch befinden oder sich dann auch gemeinsam entspannen können.

Die Arbeit von Dr. William Condon• zeigt darüber hinaus, dass Kommunikation nicht nur aus guten Argumenten besteht, sondern vielmehr auf der Fähigkeit basiert, sich mit den Mikro-Bewegungen von Gesprächspartnern zu synchronisieren. So etwas funktioniert natürlich nicht bewusst, sondern passiert unbewusst und setzt Synchronisationsfähigkeit• voraus. Condon selbst kam zu dem Schluss, dass Kommunikationsfähigkeit durch gezieltes Rhythmus-Training entwickelt werden kann.

7. Grundlegende Wissenschaften – wissenschaftliche Grundlagen

„Obgleich nun gerade dieser intuitive Teil unserer geistigen Tätigkeit es ist, der zu den wichtigsten Erkenntnissen führte und die größten Zusammenhänge erkennt, wurde er im Laufe der Zeit immer stärker abgewertet, gilt er nichts in unserer akademischen Welt. Er ist quasi in ein Untergrund-Dasein geschlüpft, von dem er dann – nun allerdings weitgehend unkontrolliert durch die Logik – eher willkürlich auf das Geschehen einwirkt. Die Grundlage für dieses Dilemma, dass wir die Wirklichkeit zwar mit allen unseren Partien unseres Gehirns aufnehmen, aber glauben, sie nur mit einem beschränkten Teil verstehen zu dürfen, liegt nicht zuletzt darin, wie Schulen und Universitäten die Welt präsentieren: als Sammelsurium getrennter Elemente und nicht als das, was sie ist, nämlich als ein großes, vernetztes System." – *Frederic Vester*

Gibt es Wissenschaften, auf deren Erkenntnisse der TaKeTiNa-Prozess aufbaut?

Ja, das Wissen der heutigen Gehirnforschung, der Chaoswissenschaft•, der Kybernetik• und der Chronobiologie• sind Grundlagen, auf denen der TaKeTiNa-Prozess aufbaut. Das TaKeTiNa-Forschungsprojekt untersucht ja auch in Kooperation mit Wissenschaftlern und Ärzten die Wirkung von TaKeTiNa. Mit der von Dr. Hans-Ulrich Balzer entwickelten „SMARD-Watch•-"Technologie kann man Veränderungen erkennen, die sich während eines TaKeTiNa-Prozesses im vegetativen Nervensystem abspielen, und sie „online" mitverfolgen. Über die Herzfrequenz-Variabilitätsmessung und die EEG-Messung kann man die Wirkung von Übungsabläufen überprüfen.

Was haben andere Wissensbereiche im Laufe der 40-jährigen Entwicklung von TaKeTiNa an bereichernden Erkenntnissen hinzugefügt?

Vieles kam aus den unterschiedlichsten Bereichen. Schon in der Entwicklungsphase von TaKeTiNa wurde mir klar, dass die Alltagssprache für tief gehende Rhythmusprozesse ungeeignet ist. Wenn ich früher beim Anleiten einer Gruppe sagte: „Werdet bitte nicht schneller", steigerte die Gruppe kurz darauf das Tempo. Damals wusste ich noch nicht, dass Menschen, die sich aufgrund vielschichtiger Rhythmen in einem erweiterten Bewusstseinszustand befinden, das Wort „nicht" ausfiltern. Die Gruppe hörte also: „Werdet bitte schneller." Als mir zwei an diesem Kurs teilnehmende klinische Hypnotherapeuten dafür die Augen öffneten, gab es ein „Aha"-Erlebnis. Von den beiden – Dr. Norbert Loth und Dr. Michael Kahan – durfte ich viel aus der Schatztruhe des großen Therapeuten Milton Erickson• lernen. Die Art und Weise, wie TaKeTiNa heute angewendet wird, hat sich nicht nur in Bezug auf die Wortwahl verändert, sondern auch in der Art und Weise, wie und wann welche Inhalte eingeführt werden.

Aber auch in der Folge gab es in der Arbeit mit TaKeTiNa ständig neue Aha-Erlebnisse. 1970, am Anfang der TaKeTiNa-Entwicklung, wusste ich noch wenig über die Zusammenhänge von Motorik, Sensorik und dem Gleichgewichtsorgan. Als ich herausfand, dass durch das Zusammenschalten dieser Regelsysteme autonome Bewegungen entstehen, war ich wieder einen Schritt weiter und sofort öffnete sich ein neues Thema: Was ist der Unterschied rhythmischen Lernens in einem „offenen" und einem „geschlossenen" System? Wie wirken rhythmische Kräfte zwischen Leiter, Surdo-Spieler• und Teilnehmer? Wie beeinflussen Teilnehmer einander gegenseitig, wenn sie in ihrem Können alle unterschiedlich sind? Die Beschäftigung damit führte zur Entdeckung rhythmischer Felder und dadurch wiederum offenbarte sich die Wirkweise der Selbstorganisation•.

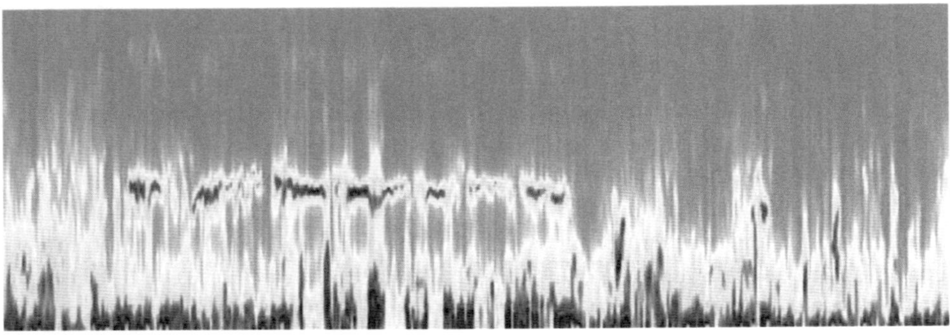

Lebensfeuer – Herzratenvariabilität. Darstellung nach Dr. Lohninger.

8. TaKeTiNa gestern – heute – morgen

„Wenn ich sehe, dass sich Menschen durch TaKeTiNa entwickeln, gibt mir das Kraft. Es macht mich glücklich und erinnert mich, wofür ich lebe."

Ist TaKeTiNa entstanden oder hast du es erfunden?

Ich habe TaKeTiNa entdeckt. Was ich damit meine ist: Die rhythmischen Zusammenhänge, die sich in TaKeTiNa manifestieren, gab es ja schon immer. Auch den Benzolring gab es, bevor Kekulé• ihn fand. Er war einfach der Erste, der ihn sehen konnte, und ich war eben der Erste, der die TaKeTiNa-Prinzipien erkannt und umgesetzt hat. Niemand könnte sich einen solchen Prozess „ausdenken" – dafür ist er viel zu komplex.

Eigentlich konnte ich kaum glauben, dass niemand zuvor auf die Idee gekommen ist, die Arbeitsweisen des TaKeTiNa-Prozesses auf musikalisches Lernen anzuwenden. Ich reiste durch die Welt, immer auf der Suche, eine ähnliche Arbeit auch an einem anderen Ort zu finden. Zu meinem Erstaunen fand ich nirgendwo auch nur etwas Ähnliches wie TaKeTiNa.

Dennoch scheint TaKeTiNa kulturübergreifend zu sein. Menschen aus unterschiedlichsten Ländern und Kontinenten beschreiben die Erfahrungen, die sie im TaKeTiNa-Prozess gemacht haben, ähnlich. Die meisten sagen: „Das kenne ich. Das ist mir vertraut. Darin fühle ich mich zu Hause." Das ist in der Tat eigenartig und legt für mich die Vermutung nahe, dass Rhythmus im TaKeTiNa-Prozess auf eine Art und Weise erlebt wird, wie sie das menschliche Bewusstsein am leichtesten erfassen und verarbeiten kann.

Gab es Phasen, in denen du an deinem Vorhaben gezweifelt hast?

Anfangs gab es ja kein genau definiertes Ziel, also konnte ich auch nicht zweifeln. Ich folgte intuitiv meiner Neugierde und erforschte dabei die Zusammenhänge zwischen unterschiedlichen Rhythmuswelten: denen der Musik in verschiedenen Kulturkreisen, denen der Natur und denen der Körperrhythmik. Auf diesem Weg experimentierte ich auf allen möglichen Trommeln und Perkussionsinstrumenten, bis ich merkte, dass ich mit der Reduktion auf das Ur-Instrument – den Körper – die Verbindung all der genannten Bereiche viel besser finden konnte. Aus einer beliebigen Vielfalt entstand eine griffige Einheit und von dort aus entwickelte sich TaKeTiNa organisch immer weiter. Sobald TaKeTiNa auf die Teilnehmer zu wirken begann, hatte ich die notwendige Dynamik, auf dem Weg zu bleiben.

Mit TaKeTiNa hast du etwas absolut Neues geschaffen. Augenscheinlich hattest du eine Quelle innerer Kraft dafür.

TaKeTiNa war für mich von Anfang an ein Weg der Selbstheilung. Das ist wahrscheinlich die beste Motivation, denn es ging ja um meine Gesundheit, man könnte sagen, um meine Existenz. Die Entwicklung von TaKeTiNa war für mich also etwas Existenzielles.

Du warst zeit deines Lebens Musiker. Inwiefern hat dich TaKeTiNa dabei beeinflusst und geprägt?

Das, was ich mit und in TaKeTiNa gelernt habe, hat die Art und Weise meines Musizierens komplett verändert. Als Pianist versuchte ich, das Notenbild möglichst exakt umzusetzen, und es war mir nicht bewusst, dass von meinem Spielen auch spürbare Informationen ausgingen. Als es mir gelang, das Hörbare und das Unhörbare vereinen zu können, begann meine Musik zu pulsieren• und zu atmen.

Auch mir selbst hat der Weg mit TaKeTiNa eine profunde rhythmische Orientierung ermöglicht, die mir früher weitgehend fehlte. Es war vor allem die rhythmische und musikalische Sicherheit, die mir den Mut gab, für Weltklasse-Musiker wie Airto Moreira•, Zakir Hussain•, Glen Velez• oder Leonard Eto• zu komponieren und mit ihnen gemeinsam auf die Bühne zu gehen. Durch TaKeTiNa konnte ich selbst in völlig neue Bereiche der Musik vordringen.

Du warst ursprünglich Konzertpianist. Deine klassische Musikausbildung hat sicherlich auch einen Einfluss auf die Entwicklung von TaKeTiNa gehabt.

Ja, die klassische Musikausbildung hat mir eine solide musikalische Basis gegeben. Wenn jemand kulturübergreifend Rhythmus studieren will, ist es sinnvoll, zunächst bei der eigenen Tradition zu beginnen.

Ich war von Anfang an – schon als ich mit fünf Jahren anfing, Klavier zu spielen – von Musik begeistert. Was mir im Studium der Klassik jedoch fehlte, war die kreative Freiheit des Improvisierens. Später wurde mir klar, dass zur Zeit von Bach viele Musiker die Fähigkeit hatten, zu einem Thema eine Fuge zu improvisieren. Damals aber konnte mir das niemand vermitteln. Die Freiheit in der Musik fand ich persönlich beim Lernen der indischen Tabla• und in der damit beginnenden Auseinandersetzung mit Rhythmus. Das Erste, was mir mein Lehrer sagte, war: „Horch auf das, was hinter der Musik klingt, achte darauf, wie Hörbares und Spürbares zusammenwirken." Das war eine Offenbarung für mich, die mir das notwendige Fundament für das Improvisieren gab. Beim Lernen neuer Trommeln und Rhythmusformen merkte ich, wie wenig ich die Konventionen meiner bisherigen Musizierpraxis hinterfragt hatte: Warum zähle ich beim Musizieren? Was ist ein Takt? Was bedeutet „4/4“, „3/8“ oder „alla Breve“? Natürlich hätte ich jemandem erklären können, was ein Musiker unter Takt• und Metrum• versteht; dennoch wusste ich nicht wirklich, welche Phänomene hinter ihnen stehen. Allerdings hätte ich solche Fragen ohne klassische Musikausbildung gar nicht stellen können. Das Studium der Klassik half mir bei der Suche nach den Wurzeln rhythmischer Bewegung enorm.

Gibt es Elemente, die TaKeTiNa eins zu eins aus anderen Kulturen übernommen hat?

Das würde dem TaKeTiNa-Prinzip vollkommen widersprechen. Wenn man zu den Wurzeln von Rhythmus vordringen will, muss man das, was man in verschiedenen Kulturen erlebt und gelernt hat, atomisieren – nicht einfach hier ein Stückchen und da ein Stückchen herausnehmen, um es dann zusammenzusetzen. Damit etwas Neues entsteht, muss eine „Kernschmelze“ stattfinden.

Auch wenn es keine direkten Einflüsse von Rhythmuskulturen in TaKeTiNa gibt, so hast du doch in sehr vielen Ländern jahrelang gelernt und geforscht.

Das war für mich eine große Inspiration. Ich wollte, ja ich musste für die Entwicklung einer neuen Rhythmusarbeit herausfinden, warum es so viele unterschiedliche Sichtweisen von Rhythmus gibt und warum Menschen Rhythmus musikalisch so unterschiedlich ausdrücken. In indischer Musik sind komplexe rhythmische Zusammenhänge auf eine Art und Weise überliefert, die es auch einem westlich geschulten Musiker erlaubt, tiefer in sie einzudringen. Die Wirkung von Klängen auf das Nervensystem jedoch hat mir der indische Yogi und Philosoph Harish Johari• vermittelt. Mit diesem Wissen konnte ich die TaKeTiNa-Silbensprache entwickeln und wirksame Silbenkombinationen finden, die weder indisch noch afrikanisch oder asiatisch sind.

Danach ging es um das „Atomisieren“ dieses Wissens. Ich musste zu den kleinsten, zu den fundamentalen „Partikeln“ von Rhythmus vordringen. Das aber war nur im direkten Ausprobieren möglich, und zwar mit Gruppen, an denen Menschen mit keinerlei rhythmischer Erfahrung teilnahmen. Dabei zeigte sich direkt und ungeschminkt, wie Menschen mit Rhythmus in Kontakt kommen und wie nicht.

Du sagst, TaKeTiNa könne Einfluss darauf nehmen, wie die Probleme, dieheute weltweit existieren, gelöst werden könnten. Wie könnte das aussehen?

Wir stehen heute in der Tat vor enormen Problemen: Der fortschreitende Klimawandel, die wachsende Überbevölkerung, globale Finanzkrisen sowie unzählige Kriege destabilisieren unsere weltweite Schicksalsgemeinschaft. Wir leben in einer Zeit großer Chancen, aber ebenso großer Risiken. Erfolg und Absturz liegen dicht nebeneinander – für den Einzelnen wie für die Weltgemeinschaft. Viele Menschen reagieren auf diese Situation mit Angst, Starre, Depression oder Aggression. Für viele ist es unbegreiflich, dass sich einerseits in zunehmenden Maße Bewusstsein auf dieser Welt realisiert, während sich andererseits immer größeres Chaos ausbreitet. Dies ist jedoch keineswegs unerklärlich – es ist ein klares Zeichen dafür, dass wir in einer transformatorischen Zeit leben.

In dem Maße, in dem materielle Werte ihre Brüchigkeit zeigen, werden immer mehr Menschen wach für innere Werte. Es wächst ganz eindeutig die Zahl derer, die in der Krise eine Chance erkennen. Ein Vorteil der Krise ist, dass vieles nun überdeutlich wird. Es zeigt sich, dass viele grundsätzlich aus einer trennenden Lebenshaltung agieren. „Mein Gott versus dein Gott" wird zur Motivation für Krieg. „Mein Land versus dein Land" ist Nahrung für ökonomische Machtkämpfe, die nur auf den eigenen Vorteil Rücksicht nehmen. Ja, der materielle Kampf trägt sich bis in die kleinsten Gemeinschaften fort: „Meine Familie versus deine Familie" verschleiert die Tatsache, dass wir alle eine Schicksalsgemeinschaft sind, in der es tief erfüllend sein kann, Menschen zu helfen, die außerhalb unserer Verwandtschaft stehen. Es ist erwiesen, dass ein freundliches Lächeln, das wir einem Fremden grundlos schenken, uns selbst am meisten glücklich macht.

Nun mögen manche einwenden, dass sich damit die Probleme der Welt alleine nicht lösen lassen. Dem stimme ich zu, doch die essenzielle Erkenntnis scheint mir zu sein, dass Veränderung im Inneren jedes Einzelnen beginnt. Um den „Change" herbeizuführen, auf den so viele hoffen, braucht es eine generelle Neuorientierung, bei der jeder bereit ist, an einem kollektiven Lernprozess teilzunehmen. Die Wege dazu müssen nicht mehr erfunden, wohl aber beschritten werden.

Rhythmisch gesehen könnte man sagen, dass die Menschheit in einen starren, mechanischen Rhythmus geraten ist und dass sie auf Chaosphasen panisch, rigid oder mit planloser Überaktivität reagiert. Übertragen auf den TaKeTiNa-Rhythmuskreis sind dies die Bedingungen, unter denen Rhythmus zerfällt, Isolierung eintritt und das System sich auflöst. Wenn Menschen auf Chaosphasen mit innerem Druck, Panik oder mit rigiden Kontrollmechanismen reagieren, gerät das ganze System in ein festgefahrenes Durcheinander. Würde sich dieses im TaKeTiNa-Prozess manifestieren, nähme zwar niemand Schaden, doch jeder würde zweifellos spüren: „So will ich nicht leben." Auf die Welt übertragen, kann diese Dynamik jedoch zur globalen Katastrophe führen.

Gier ist Kontraktion, ebenso wie Angst, Neid, chronischer Zeitdruck oder Stress. Unsere Gesellschaft befindet sich also augenscheinlich in einem Zustand eingefrorener Kontraktion, und auch hier macht eine einfache Übertragung auf Rhythmus klar, was das bedeutet: Der Herzschlag lebt vom rhythmischen Wechsel zwischen Kontraktion und Expansion – daraus entsteht Lebensenergie. Ein Herz, das sich nur noch zusammenzieht, bedeutet den physischen Tod eines Körpers. Warum sollte es im System unserer Gesellschaften anders sein?

Es gilt also, Qualitäten zu entwickeln, die in die entgegengesetzte Richtung führen: Raum schaffen, Vertrauen entwickeln, Zeitlosigkeit finden, innere Stille ankern, Boden unter den Füßen spüren und erlebtes Wissen manifestieren, dass Chaos eine kreative Kraft ist, die uns in Bereiche zu führen vermag, von denen wir noch gar nichts wissen. Wenn diese Qualitäten Teil unseres Lebens geworden sind, gibt es unendlich viele Formen und Möglichkeiten, ein erfülltes Leben zu führen, mit oder ohne Familie, in einer Waldhütte oder in einer Villa, mit wenig oder viel Geld, alleine oder mitten unter Millionen von Menschen. Dass das eine besser als das andere ist, erweist sich dann als Illusion eines Denkens, das Lösungen ausschließlich im Außen sucht. In Wahrheit aber hat das „Innen" die Kraft, ein entsprechendes „Außen" zu realisieren.

Ich hoffe also, dass TaKeTiNa ein Weg ist, auf dem Menschen lernen können, auf die tragende Kraft des Lebens zu vertrauen, einander mit offenem Herzen zu begegnen und die soeben genannte Qualitäten in ihrem Leben zu manifestieren.

Anhang

Glossar

Archetyp, altgriechisch αρχή („arché“ = Beginn, Anfang) und τύπος („typos“ = Vorbild, Skizze). Urbild, Muster, das zeitlich oder strukturell am Anfang steht; dem kollektiven Unbewussten innewohnend, kulturübergreifend.

Berimbau: Musikbogen, Perkussionsinstrument aus Brasilien; besteht aus einem gebogenen Holzstock, einem an dessen oberen und unteren Ende befestigten Draht als Saite und einem Flaschenkürbis als Resonanzkörper.

Break (engl. „Bruch“): Unterbrechung eines formalen Abschnitts im Jazz, Pop oder Rock. Ein Break hat eine untergliedernde Funktion und wird vom Ensemble oder Solisten meist improvisatorisch gestaltet.

Buk: Koreanische zweifellige Fasstrommel, die mit dem Zen-Buddhismus von China in die Klöster Koreas kam. Dort hieß die Trommel zunächst „Bub-Go“. Als sich aus der Urform immer mehr unterschiedliche Trommelformen entwickelten, entstand der Begriff „Buk“.

Chaosforschung: Teilbereich der Mathematik und Physik, widmet sich der Erforschung komplexer, nicht linearer, dynamischer Systeme, also aller lebendigen Systeme. TaKeTiNa ist ein solcher dynamischer, nicht linearer Lernprozess.

Chronobiologie: Wissenschaft von den zeitlichen Gesetzmäßigkeiten des Ablaufs der Lebensprozesse; Grundlagenforschung zur inneren, biologischen Uhr.

Corpus callosum: Bündel von Nervenfasern, die als Brücke für die Kommunikation zwischen den Hirnhälften sorgen.

Cortex: Bezeichnet in der Anatomie und Medizin die Außenschicht eines Organs. *Cortex cerebri* beispielsweise ist die Großhirnrinde, *Cortex cerebellaris* die Kleinhirnrinde. Der Cortex ist ein Teil der grauen Substanz des Großhirns.

Flow: Englischer Ausdruck für „Durchfluss“; im psychologischen Sinne: innerlich im Fluss sein.

Fluktuieren: Wechseln oder schwanken, hier im Sinne von hin- und hergehen zwischen zwei Bereichen (Chaos und Ordnung, Triolen und Sechzehntel, Genauigkeit und Ungenauigkeit).

GaMaLa-Unterteilungspulsation: Triolische• Bewegung im Zwischenraum einer Pulsation.

Groove: Der vom Musiker empfundene stille Puls•, welcher sich durch das Spiel auf die Zuhörer überträgt. Groove heißt wörtlich übersetzt „Rinne, Furche, Rille, Nut“; Grooven = „sich miteinander in einer Rille bewegen“.

Hippocampus: Bestandteil des Gehirns, zählt zu den evolutionär ältesten Strukturen; wichtig für das Gedächtnis und das Lernen.

Internationale Gesellschaft für Musik in der Medizin e.V. (Lüdenscheid). Erklärte Aufgabe: Förderung der internationalen Zusammenarbeit auf dem Gebiet „Musik in der Medizin" in Forschung und klinischer Anwendung. Ausrichtung internationaler Kongresse, Beratung von Verbänden und Einrichtungen des Gesundheitswesens. 80 Mitglieder aus 17 Staaten: Ärzte und andere auf dem Gebiet tätige oder forschende Persönlichkeiten.

Kybernetik: Wissenschaft von der Funktion komplexer Systeme, insbesondere der Selbstregulation als grundlegendes Funktionsprinzip lebender Organismen.

Mallet-Instrumente: Stab-Spiel, welches mit Schlegeln (Mallets) gespielt wird, wie z.B Balafon, Xylofon, Marimba u.a.

Mandelkern: (Amygdala) paarig auftretendes Kerngebiet des Gehirns, ist wesentlich an der Entstehung der Angst beteiligt und spielt allgemein eine wichtige Rolle bei der emotionalen Bewertung und Wiedererkennung von Situationen sowie bei der Analyse möglicher Gefahren.

Mensuralnotation: Im 13. Jahrhundert entwickelte Notation, mit deren Hilfe erstmalig die Tondauern in der Musik eindeutig festgelegt wurden.

Metrum: griechisch μέτρον (metron = „Maß"); Konzept, die Anzahl der Pulse und das Schweremuster eines Zyklus quantitativ zu erfassen.

Mutismus: (lat. *mutitas* = „Stummheit", *mutus* = „stumm"); Kommunikationsstörung, bei der keine Defekte der Sprachorgane und des Gehörs vorliegen. Der Mutismus tritt mehrheitlich in Verbindung mit einer Sozialphobie auf, häufig eingebettet in Depressionen.

Offbeat: Wörtlich übersetzt „weg vom Beat"; Schwingungsknoten im Zwischenraum zwischen zwei Pulsen•.

Pakhawaj-, Mridangam- und Tabla-Trommeln: Trommeln aus Nordindien.

Pulsation: Abfolge von Ereignissen in annähernd regelmäßigen Abständen.

Puls ist ein Ereignis innerhalb einer Pulsation.

Pulsationsnotation: Eine Weise, Musik zu notieren, die nicht die Länge eines Tons darstellt, sondern die Position der unterschiedlichen Trommelklänge innerhalb der zeitlichen Struktur. Es ist eine Notationsweise, die sich für alle Musikinstrumente eignet, bei denen es nicht möglich ist, die Dauer des erzeugten Tons zu beeinflussen.

Taiko, O-Taiko: (O = groß, Taiko = Trommel) große traditionelle japanische Trommel.

Triole: Gruppe von drei gleich langen aufeinanderfolgenden Noten, die insgesamt aber nur die Dauer von zwei Noten dieses Wertes hat.

Präfrontaler Neocortex: Teil des Frontallappens der Großhirnrinde (Cortex); wird als oberstes Kontrollzentrum für eine situationsangemessene Handlungssteuerung angesehen und ist gleichzeitig intensiv an der Regulation emotionaler Prozesse beteiligt.

Prana: Lebenskraft, universelle Lebensenergien.

Rahmentrommel: Handtrommel, bei welcher das Fell über einen leichten Holzring gespannt wird. In der Regel werden Rahmentrommeln mit Hand- und Fingertechnik gespielt.

retikulär: netzartig, netzförmig

Rhythmusforschung: Bezeichnet im weiteren Sinne alle Forschungsarbeiten, in denen die Wirkung von musikalischem Rhythmus auf den Menschen erforscht wird.

Salsa (spanisch für „Soße"): Form der lateinamerikanischen Tanzmusik.

Sarazenen: Historische Bezeichnung für die Araber und andere islamische Völker.

Selbstorganisation: Dynamische Form der Systementwicklung, bei der die formgebenden, gestaltenden und beschränkenden Einflüsse von den Elementen des sich organisierenden Systems selbst ausgehen. Systeme in diesem Sinne sind z.B. das Wetter oder eine Gruppe von Menschen.

Sensomotorik: Zusammenspiel und Regelkreis der Sinnes-Systeme (Sensorik) mit den motorischen Systemen (Motorik, Bewegungsapparat).

SMARD-Watch: Ein von Dr. U. Balzer entwickeltes Messgerät, welches verschiedene Parameter des Vegetativums misst.

Sufismus: islamische Mystik

Surdo-Spieler: Trommler/in, welche/r während des TaKeTiNa-Prozesses den Grundpuls auf der brasilianischen Basstrommel (Surdo) spielt und damit denn Schrittrhythmus stabilisiert.

Synchronisation: Prozess, in dem zwei oder mehrere miteinander verbundene Rhythmen in ein stabiles Verhältnis zueinander geraten. Synchronisation wird nicht „gemacht", sondern ist ein Verbunden-Sein in einem Rhythmus, der nicht von einem Einzelnen erzeugt wird, sondern durch Selbstorganisation• entsteht. Es ist ein Einverständnis, ohne Zeitversatz aneinandergekoppelt zu sein.

De-Synchronisation: Zwei oder mehrere miteinander synchronisierte Rhythmen entkoppeln sich und gehen ihre eigenen Wege.

Synkope: Erzeugt einen Überraschungseffekt durch Akzentuierung eines leichten Elements oder eines Zwischenraumes im rhythmischen Schweremuster.

TaKeTiNa-Prinzipien: Zusammenfassung aller im TaKeTiNa-Prozess angewandten Arbeitsweisen: Lernen mit dem Körper – Lernen im Wechsel zwischen Chaos und Ordnungsphasen – Arbeiten auf mehreren rhythmischen Ebenen zugleich – Lernen im archetypen Bereich – Lernen durch Wiederholung – individuelles Lernen im Kollektiv.

Takt (lat. tactus = „Berührung, Stoß"): Konzept, die Anzahl von Pulsen in einem Zyklus quantitativ zu erfassen.

Tala – Avreti – Anga – Laya:
Tala: Die Lehre vom indischen Rhythmus; das Strukturieren von Zeit durch Klatschen in die Hände. Auch: *Ta* (Tandava) = der kosmische Tanz Shivas; *La* (Lasya) = der Tanz von Parvati, Shivas weiblicher Entsprechung.
Avreti: Der Kreis, in dem das rhythmische Geschehen wiederkehrt.
Anga: Unterteilungen, in denen unterschiedlich viele Schläge zusammengefasst sind. Angas können innerhalb einer *Avreti* unterschiedliche Qualität haben: Sam, Tali, Khali. Für jede dieser Qualitäten gibt es ein anderes Handzeichen.
Laya: Tempo im indischen *Tala*. Es gibt die Haupt-Tempi: „vilambit" (langsam), „madhya" (mittelschnell) und „drut" (schnell).

Rubato: (italienisch), Kurzform für „Tempo rubato"; Bezeichnung für Tempoverzögerungen und -beschleunigungen bei gleichbleibender Grundbewegung in der Begleitung (gebundenes Tempo rubato) oder auf das Zeitmaß im Ganzen bezogen (freies Tempo rubato).

Ultradiane Rhythmen: Biologischer Rhythmus mit einer Periodenlänge von weniger als 24 Stunden, werden in der Forschung zur Chronobiologie gerechnet. Ultradiane Rhythmen betreffen physiologische Funktionen wie zelluläre Prozesse, Atmung, Zirkulation, Hormonabgabe, Ruhe- und Schlafphasen und Verhalten (z.B. Zyklen der Nahrungsaufnahme).

Personenverzeichnis

Condon, William S., Professor für Psychologie am Boston College. Forschungsschwerpunkt: die rhythmische Struktur sprachlicher Kommunikation, Analyse von Körperbewegungen und Sprachlauten; www.edu-cyberpg.com.

Dalcroze, Emile Jaques (1865-1950), Komponist und Musikpädagoge, Begründer der rhythmisch-musikalischen Erziehung. Schüler von Anton Bruckner in Wien, Gründer der Bildungsanstalt für Musik und Rhythmus in Dresden-Hellerau.

Erickson, Milton (1901-1980), bedeutender Vertreter der Hypnotherapie (zusammengesetzt aus „Hypnose" und „Therapie"), eine Richtung der Psychotherapie, die Heilungs-, Such- und Lernprozesse mit veränderten Bewusstseinszuständen therapeutisch unterstützt.

Eto, Leonard, japanischer Meistertrommler der Taiko-Trommel•, ehemaliger Leiter der legendären japanischen Kodo-Gruppe; www.leoeto.com.

Harish Johari (-1999), spiritueller Lehrer und Maler. Autor vieler Bücher über indische Philosophie. Kapazität im Bereich der Wirkungen von Mantras und Klängen auf das Nervensystem; www.harishjohari.net.

Horowitz, Vladimir (1903-1989), legendärer amerikanischer Pianist ukrainischer Herkunft.

Hussain, Zakir, indischer Meistertrommler, gilt als einer der profiliertesten Tabla-Spieler. Komponist und Mitwirkender in vielen verschiedenen Perkussion-Ensembles (MegaDrums, Diga Rhythm Band u.a.); www.momentrecords.com.

Kekulé, Friedrich August von Stradonitz (1826-1896), deutscher Chemiker und Naturwissenschaftler.

Khan, Mohammed Ahmed Ustad: Tabla•-Meister, der in den 1980er-Jahren in Bombay gestorben ist. Spielte mit vielen großen Musikern Indiens.

Moreira, Airto, brasilianischer Meister-Perkussionist des Jazz. Hat den Begriff „Perkussion" ins Leben gerufen; Mitwirkung bei Miles David, Chick Coreas u.a. Er ist eine lebende Legende.

Müller-Schwefe, Dr. med. H. H. Gerhard, Leiter des Schmerz- und Palliativzentrums Göppingen, Präsident der Deutschen Gesellschaft für Schmerztherapie e. V., www.mueller-schwefe.de.

Ravi Shankar: einer der größten Sitar-Spieler und Komponisten Indiens.

Alla Rakha (1919-2000), legendärer Tabla•-Spieler. Komponist und Musiker in der indischen Filmindustrie. Haupttätigkeit war jedoch die klassisch indische Musik. Vater von Tabla-Virtuose Zakir Hussein•.

Rossi, Ernest, Schüler und ehemaliger Mitarbeiter von Milton Erickson•, erforschte die ultradianen Rhythmen•.

Velez, Glen, US-amerikanischer Meistertrommler der Rahmentrommel•, Jazz-Perkussionist und Komponist. Wurde bekannt mit Steve Reich und dem Paul Winter Consort. Mitglied der Gruppe MegaDrums.

Informationen zur beiliegenden CD

Folgende Tonbeispiele finden Sie auf der beiliegenden CD:

Tonbeispiel 1: intrauteriner Herzschlag
Tonbeispiel 2: TaKeTiNa-Sequenz „Doubletimeoffbeats“
Tonbeispiel 3: TaKeTiNa-Sequenz „Elementare Polyrhythmik 2 über 3“
Tonbeispiel 4: TaKeTiNa-Sequenz „Kreuzungszyklus divisive 4 über additive 12“
Tonbeispiel 5: WDR 5 – Radiobeitrag „Skala“, gesendet am 16.06.2006. Autorin: Kirsten Becker.

Die TaKeTiNa-Sequenzen wurden mit dem TaKeTiNa-Explorer hergestellt. Wir danken dem Schott-Verlag für die großzügige Unterstützung.

Vielen Dank auch an den WDR für die Möglichkeit, den Beitrag aus der Sendung „Skala“ auf unsere CD übernehmen zu dürfen.

Weitere Bücher und Publikationen von R. Flatischler

Rhythm for Evolution,
erschienen 2006 im Schott Verlag, 450 Seiten, vierfarbig mit DVD,
ist ein Grundlagenwerk über das „Phänomen Rhythmus“. Es gibt dem Leser tiefe Einblicke in eine neue Form der Pädagogik und Therapiebegleitung. Mit dem „TaKeTiNa-Rhythmus-Explorer“ – einem neu konzipierten Übungsprogramm – können Sie TaKeTiNa praktisch erleben und dabei Ihr rhythmisches Talent entwickeln.

Rhythmus als Weg,
überarbeitete Neuauflage 2008, Synthesis Verlag (Erstauflage 1990), 180 Seiten, CD mit seltenen Tonbeispielen und Übungen.

MegaDrums CDs
MegaDrums – Terra Nova
MegaDrums – The world is full of rhythm
MegaDrums – Layers of time
MegaDrums – Ketu
MegaDrums – Transformation
MegaDrums – Coreana
MegaDrums – Schinore

Alle Kompositionen und Arrangements stammen von Reinhard Flatischler. Die CDs sind bei Intuition Records (Schott) erschienen und im Fachhandel erhältlich. Die Gruppe MegaDrums wurde 1987 von Reinhard Flatischler begründet. Mitglieder sind: Airto Moreira, Zakir Hussain, Glen Velez, Leonard Eto (Kodo), Wolfgang Puschnig, Stephen Kent, Cornelia Flatischler u.a. Website: www.megadrums.com.

Adressen und Kontakte

Reinhard und Cornelia Flatischlers Website: www.taketina.com

Hier finden Sie neben Informationen über Kurse, Aus- und Weiterbildungen mit R. & C. Flatischler interessante Artikel, Informationen und Sendungen zum Thema Rhythmus. Dies ist zugleich auch die Website des

TaKeTiNa Institutes für Rhythmuspädagogik und Rhythmusforschung
Zist 3
D-82377 Penzberg

Das TaKeTiNa-Office
Detaillierte Auskünfte über die Aktivitäten von R. & C. Flatischler gibt Ihnen das TaKeTiNa Office. Stefan Groß und sein Team informieren und beraten Sie gerne. Wenn Sie wollen, erhalten Sie regelmäßig Informationen über Pädagogik-, Forschungs- und Therapieprojekte.

TaKeTiNa-Office
Moltkestr. 80
D-50674 Köln
Tel.: +49-221-500859-23, Fax: 0221-500859-10
eMail: taketina-office@qrious.de

Das TaKeTiNa-Pädagogen-Netzwerk (im Aufbau): www.taketina.net

Plattform für chronobiologische Grundlagenforschung:
www.mdw.ac.at/ipcf/index.html

Kontakt zu Kirsten Becker (Herausgeberin):
www.rhythmus-musik.de
www.rhythmus-fuer-choere.de.

Der Autor

Reinhard Fatischler

- Studium an der Wiener Musikuniversität, Klavier, Konzertfach bei Seidlhofer.
- Begründer der TaKeTiNa-Rhythmuspädagogik, Lehraufträge an mehreren Musikuniversitäten sowie Seminare und Ausbildungen weltweit.
- Mitglied des wissenschaftlichen Beirats der Gesellschaft für Musik in der Medizin.
- Mitglied der Gesellschaft für chronobiologische Grundlagenforschung, Wien.
- Musikalischer Leiter des Projektes „Rhythmus und Schmerztherapie" (mit Dr. Schwefe) im Rahmen der deutschen Gesellschaft für Schmerztherapie.
- Coaching in zahlreichen Firmen.
- Leiter und Komponist der Gruppe „MegaDrums", mit Airto Moreira, Zakir Hussain, Glen Velez, Leonard Eto (Kodo) – 7 CDs, die zu den Bestsellern der Percussionsmusik gehören und Plattenpreise gewonnen haben.
- Autor von drei Büchern: „Rhythmus als Weg" (Synthesis), „Rhythm for Evolution" (Schott, mit der Comenius-Medaille ausgezeichnet) und „Ur-Kraft Rhythmus" (Junfermann).

Die Herausgeberin

Kirsten Becker

- Musik- und Sportstudium an der WWU Münster, Klavier und Schlagzeug.
- Ehemalige WDR-Musikredakteurin, heute freie Musik- und Kulturjournalistin für ARD-Hörfunk und Printmedien.
- Herausgeberin des Buches Ur-Kraft Rhythmus (Junfermann 2009).
- Musikerin und Musikpädagogin (Trommeln, Perkussion, Gesang).
- Spieleerfinderin (internationale Auszeichnungen).